Gärtnern mit dem Mond

Blumen, Kräuter,
Obst und Gemüse

Gärtnern mit dem Mond

Blumen, Kräuter,
Obst und Gemüse

NEUER
KAISER
VERLAG

Inhalt

Einführung

Was anpflanzen, wie, wo und … wann? Diese wesentlichen Fragen stellen sich bei der Gartenarbeit.

Wir betrachten oft voll Neid die Gärten, das Blütenmeer auf den Terrassen und die gepflegten Gemüsebeete der Nachbarn; ratlos schreiben wir es einem geheimen „Zaubertrank" zu, mit dem solch rote Tomaten und so gesunde Früchte erzielt werden.

Und doch genügt es, einige wenige Regeln der Anbautechnik in Übereinstimmung mit der biodynamischen Tradition zu befolgen, um im Garten erfolgreich zu sein. „Anbautechnik" und „Biodynamik" mögen dem Hobbygärtner als gewichtige Worte erscheinen. In Wahrheit sind es jedoch nur moderne Ausdrücke, in denen die gesamte überlieferte Erfahrung steckt.

In der Vergangenheit bedeutete Anbau vor allem, den Einfluss des Mondes auf Pflanzen am besten zu nutzen. Die traditionelle Landwirtschaft achtete auf die Phasen des Erdtrabanten. Das Beschneiden, die Aussaat, das Umpflanzen: Jede Handlung wurde nach dem Wechsel von zu- und abnehmendem Mond berechnet. Tradition und Volksweisheiten wurden in der jüngeren Vergangenheit allerdings oft als belächelter Aberglaube abgetan und durch Technologie ersetzt.

In der heutigen Zeit jedoch, in der alte Traditionen wieder an Bedeutung gewinnen, tauchen aufs Neue Anbautechniken auf, die nach dem Mondkalender ausgerichtet sind. Dieser zeigt Monat für Monat an, welche Mondphasen für Arbeiten wie Bodenvorbereitung, Aussaat, Umpflanzen, Beschneiden, Veredeln und Ernten am besten geeignet sind. Dabei ist natürlich zu beachten, dass es große regionale Unterschiede gibt: In klimatisch begünstigten Gegenden kann z. B. früher ausgesät werden als in kälteren Zonen.

Auf den folgenden Seiten finden Sie grundlegende Kenntnisse des Gartenbaus, im völligen Einklang mit dem Mond, dem wahren „Zaubertrank" unserer Gärten. Scheuen Sie sich also nicht, dieses reich illustrierte Buch zur Hand zu nehmen, das Sie als passionierten Gärtner bei der Durchführung aller Arbeiten begleitet und durch das Gartenjahr führt.

Der Mond und die Landwirtschaft

Bis vor etwa fünfzig Jahren beobachteten viele Bauern aufmerksam die Mondphasen, bevor sie die Feldarbeit aufnahmen und sich um das Vieh kümmerten. Diese Beobachtungen wurden mündlich von Vater zu Sohn weitergegeben und entwickelten sich zu einem festen Regelwerk, das es erlaubte, die zweckmäßigsten Tage für die Saat und die Ernte, die Weinlese, das Ausbringen des Düngers, die Paarung der Tiere, das Abfüllen des Weins, das Fällen der Bäume usw. zu bestimmen. Mehr noch als die Sonne war der Mond Hauptdarsteller in der herkömmlichen Landwirtschaft. Die Mondphasen entschieden über den Rhythmus der Feldarbeit in Harmonie mit dem zu- oder abnehmenden Mond. Dieses vielschichtige Erbe gewann seine Glaubwürdigkeit aus jahrhundertelanger Erfahrung und Erprobung: eine bedeutende Sammlung von Bestand und Beobachtungsgabe. Aus dieser in Kalendern zusammengefassten Tradition ging hervor, dass es ratsam ist, entsprechend der Mondphasen gewisse Arbeiten bei abnehmendem, andere bei zunehmendem Mond zu verrichten. Generell lässt sich sagen, dass der zunehmende Mond das Pflanzenwachstum fördert, während der abnehmende eine gegenteilige Wirkung zeigt.

Im Blumengarten

Man kann feststellen, dass Blumen, die bei zunehmendem Mond gepflanzt oder umgepflanzt werden, besser gedeihen als solche, die bei abnehmendem Mond gepflanzt oder umgepflanzt wurden. Geranien werden einige Tage nach Neumond gesetzt, um ihren Flüssigkeitshaushalt nicht zu beeinträchtigen. Lilienstecklinge und Blumenzwiebeln pflanzt man bei zunehmendem Mond. Die Schädlingsbekämpfung bei Rosen erweist sich im ersten Mondviertel als besonders wirksam, das Zurechtstutzen sollte hingegen einige Tage nach Vollmond stattfinden.

Veilchen werden nach Vollmond gesät und einige Tage später umgepflanzt. Hortensien sollen bei zunehmendem Mond beschnitten werden.

Begonien meiden allzu intensives Mondlicht, es gefällt ihnen aber, direktem Sonnenlicht ausgesetzt zu sein. Azaleen mögen wenig Mond und werden gerne bei abnehmendem Mond gepflanzt, während Steinkraut zunehmenden Mond bevorzugt. Dahlien werden sowohl vom Mond- als auch vom Sonnenlicht angezogen, lieben sonnige Plätze und ihre Vermehrung durch Stecklinge führt man am besten bei zunehmendem Mond durch.

Im Gemüsegarten

Im Allgemeinen geht der Großteil der Saat bei zunehmendem Mond auf, aber eine kleine Anzahl bestimmter Sorten bevorzugt den abnehmenden Mond. Unter den zuletzt Genannten befindet sich der Kopfsalat. Er neigt bei zunehmendem Mond ausgesät dazu, sehr schnell auszuschießen, was sich negativ auf die Zartheit der Blätter und die Dichte des Herzens auswirkt. Verfrühen kann für Frühgemüse (Schnittsalat), für einige Kletterpflanzen (Bohnen) oder für Pflanzen mit langsamem Wachstum (Petersilie) von Nutzen sein. Zwiebeln werden bei abnehmendem Mond gesät, um zu vermeiden, dass sie in der Erde einen unangenehmen Geschmack annehmen und zu früh reifen. Die Karotte gehört zu den Doldengewächsen und ist ein langsam wachsendes Gemüse. Daher regt es die Wurzelbildung an, wenn wir sie bei zunehmendem Mond aussäen. Das Gleiche gilt für Rüben und Rote Rüben, deren Widerstandskraft gegen Parasitenbefall gestärkt wird. Erbsen, Bohnen und Linsen tragen mehr Früchte, wenn sie vier bis fünf Tage vor Vollmond ausgesät werden.

Gemüse, das frisch gegessen werden soll, erntet man grundsätzlich bei zunehmendem, Einmachgemüse bei abnehmendem Mond. Tomaten für den sofortigen Verbrauch werden möglichst in der zunehmenden Mondphase, solche zum Einmachen einige Tage nach Vollmond geerntet. Tomaten, die man bei zunehmendem Mond pflückt, sind nicht so haltbar und eher wässrig.

Im Obstgarten

Das Mondlicht beeinflusst den Reifungsprozess der Früchte, die daher zum richtigen Zeitpunkt geerntet werden müssen. Damit der Kirschbaum viele Früchte trägt, braucht er nach dem Vollmond milde Temperaturen und trockenes Klima. Pflaumen und Aprikosen werden bei zunehmendem Mond gepflanzt und ihre Früchte erlangen die volle Reife nach dem Vollmond. Dann ist ihr Zuckergehalt am höchsten. Der Pfirsichbaum reagiert besonders sensibel auf die Strahlen des Mondes, die sich wesentlich auf die Samtigkeit der Schale und den Duft des Fruchtfleisches auswirken. Der Mandelbaum ist so außerordentlich empfänglich für die zunehmende Mondphase, dass sich seine Blüten während des ersten Viertels öffnen. Wal- und Haselnüsse fühlen die Wirkung des Mondes: Bei intensiver Helligkeit vertrocknen die Blätter, jedoch vertragen sie das Licht des abnehmenden Mondes sehr gut. Um bessere Haltbarkeit zu erzielen, sammelt man Wal- und Haselnüsse bei abnehmendem Mond. Obstbäume, vor allem kräftige, werden bei abnehmendem Mond beschnitten: In dieser Zeit fließen weniger Säfte durch das Innere der Pflanze.

Die Veredelung stellt immer eine Verletzung dar, die wir den Pflanzen zufügen. Deshalb verfährt man dabei wie beim Baumschnitt, das heißt, man pfropft bei abnehmendem Mond.

Januar

☾⊕ Abnehmender Mond

	Blumengarten	Gemüsegarten	Obstgarten
Aussaat		**im Glashaus:** Kopf-salat; **auf geschützten Anbauflächen (Folien-tunnel, Glashaus u. Ä.):** Schnittsalat	
Schnitt			Birne, Apfel, Johannis-beere, Himbeere; Beschneiden von Trieben und Ausrich-ten der Krone
Veredelung			Sammeln von Zweigen und Pfropfreisern für die Veredelung
Arbeiten	Reinigen und Des-infizieren der Gefäße und des Glashauses; Kontrolle der Geräte	Planung des Gemüsegartens	Säuberung der Stämme

☽☺ Zunehmender Mond

	Blumengarten	Gemüsegarten	Obstgarten
Aussaat/ Stecklinge	**im Glashaus:** einjährige Blütenpflanzen, Pelargonien, Fuchsien u. a.	**im Glashaus:** Paprika, Tomaten, Gurken; **auf geschützten Anbauflächen:** Kresse, Radieschen	
Vermehrung			Steckhölzer besorgen und in Erde einschlagen

Ernte

Im Glashaus: Porree; **auf geschützten Anbauflächen:** Kresse, Radieschen, Rucola

Der Januar ist ein Monat, in dem Arbeiten wegen Kälte, Frost, ausgiebiger Niederschläge und Nebel nur sehr begrenzt möglich sind. Die Natur scheint sich im Zustand vollkommener Ruhe zu befinden.

Arbeiten im Blumengarten

In diesem Monat muss geprüft werden, ob das Schmelzwasser ungehindert ablaufen kann, um Stauschäden zu verhindern. Dabei sollte man aber darauf achten, Beete und Rasen nicht zu zertreten.

Es ist auch möglich, in Töpfen, in Glashäusern, Folientunnel oder im Haus einjährige Blütenpflanzen zu säen, damit sie im Frühjahr bereit zum Umsetzen sind.

Im Januar führt man jene Erneuerungsarbeiten aus, die notwendig sind, um unter optimalen Bedingungen in die warme Jahreszeit zu starten.

Es ist die Zeit, um ...
• Töpfe aus Ton oder Plastik (die man zum Umpflanzen verwendet) mit Wasser und Spülmittel zu waschen, mit einer Bürste gründlich zu scheuern, mit reinem Wasser zu spülen und an der Luft trocknen zu lassen, bevor man sie nach Durchmesser geordnet bereitstellt;
• Glashäuser zu desinfizieren; verwenden Sie dazu jene Spezialprodukte, die Sie im Fachhandel erhalten;
• zu prüfen, ob der Geräteschuppen in Ordnung ist und dass die Arbeitsgeräte nicht verrostet und einsatzfähig sind;
• trockene oder kranke Bäume und Sträucher zu entfernen, um sie dann im Frühjahr zu ersetzen;
• Bäume zu beschneiden, tote Äste zu entfernen und überflüssige, gebrochene oder verwachsene Zweige abzuschneiden; nach dieser Arbeit versiegelt und desinfiziert man die Schnittfläche mit einem Wundverschlussmittel;
• in wärmeren Regionen den Garten von Laub und Unkraut zu säubern. Heute verfügen wir über Einrichtungen, in denen wir ,,Gartenabfälle" kompostieren und so nährstoffreiche organische Stoffe erhalten.

Die Stechpalme (Ilex aquifolium) ist eine Pflanze, die überall in geschützten Anlagen gedeiht. Exemplare mit bunten Blättern setzt man aber besser dem direkten Sonnenlicht aus.

Das Kompostieren

Kompostieren ist eine natürliche Methode, um ausgewogene organische Gartenerde zu erzeugen, die aus Küchen- und Gartenabfällen gewonnen wird. Holz-
asche, Laub, Unkraut, Rückstände, die beim Putzen von Obst und Gemüse
anfallen, Essensreste (mit Ausnahme von Fleisch, Fisch und Wurstwaren), Eier-
schalen, Schnittblumen, zerkleinerte (gehäckselte) Abfälle vom Baumschnitt,
alte Gartenerde usw., können alle in einem Behälter (egal ob selbst gebaut oder
gekauft) gesammelt werden. Dieser wird an einem Ort aufgestellt, wo die Temperatur nie unter 15 °C sinkt, damit die zersetzende Wirkung der Mikroorganis-
men einsetzen kann. Je mehr Materialien vermischt werden, umso höher ist die
Qualität der daraus gewonnenen organischen Gartenerde. Man sollte darauf
bedacht sein, frische Abfälle einmal wöchentlich gut mit dem Kompost zu durch-
mischen, weil das den Umsetzungsvorgang begünstigt. Nach ungefähr vier
Wochen kann der Kompost als Zusatz zur Gartenerde verwendet werden. Wer
den Kompostiervorgang nicht beeinträchtigen möchte, kann auch zwei Behälter
aufstellen: bis der Prozess im einen abgeschlossen ist, sammelt man dann die
frischen Abfälle im anderen.

Arbeiten im Gemüsegarten

Für leidenschaftliche Gärtner gibt es im Januar im Gemüsegarten natürlich wenig zu tun, noch weniger zu säen.

Auf geschützten Anbauflächen sät man Schnittsalat, Rucola, Kresse, Radieschen und Feldsalat; im Glashaus: Basilikum, Paprika, Tomaten und Kopfsalat; in Töpfen im Warmen: Gurken. Es ist Zeit für die Aussaat jener Pflanzen, die zur passenden Zeit umgepflanzt werden.

Jetzt ist der beste Zeitpunkt, um den Gemüsegarten zu planen und Kataloge zu studieren.

Vor der Planung ist es ratsam, eine Bodenanalyse vorzunehmen. Ist er zu säurehaltig oder zu basisch, zu sandig oder zu kompakt, kann man dem nach Anweisung eines Experten entgegenwirken. Was dazu notwendig ist, kann man in drei Hauptgruppen einteilen: Dünger, der den Boden fruchtbar macht, indem er ihm entzogene Nährstoffe zurückgibt; Zusätze, welche die physikalische Beschaffenheit der Gartenerde optimieren und Bodenverbesserer, die – wie der Name schon sagt – der ,,Verbesserung" dienen. Bei der Planung der Beete sollte man ein besonderes Augenmerk auf die Fruchtfolge legen. Der Fruchtwechsel verhindert, dass das Erdreich durch den jahrelangen Anbau desselben Gemüses (oder Gemüse der gleichen Familie) ausgelaugt wird. Denn jede Pflanze entzieht der Erde bestimmte Nährstoffe, was zu Mangelerscheinungen des Bodens führt. Ist man sich dessen bewusst, kann man die Verteilung der Pflanzen planmäßig bestimmen.

Man legt Reihen in Nord-Süd-Ausrichtung an, damit alle Pflanzen gut voneinander getrennt wachsen können. Dann hat man die Möglichkeit, höhere Gewächse immer auf der nördlichsten Gartenseite anzusiedeln, wo sie andere Pflanzen nicht überschatten. Aus dem gleichen Grund werden Kletterpflanzen, wie Tomaten und Erbsen, in die Randbeete des Gemüsegartens gepflanzt.

Man sollte sich auch vor Augen führen, dass manche Gemüsearten auch in der Nacherntezeit ausgesät werden können (so erntet man zum Beispiel bei Erbsen ja eigentlich deren Samen).

Vor Begeisterung übersieht man in der Planung auch oft, dass man Abflussgräben und Wege braucht und dass jede einzelne Pflanze auch genügend Platz für ihre Entwicklung benötigt. Will man Fehler vermeiden, muss man das beim Entwurf berücksichtigen.

Wenn die Planung des Gemüsegartens abgeschlossen ist, weiß man auch, welche Sämereien man benötigen wird. Diese erhält man entweder in der Gärtnerei, im Gartencenter oder über das Internet. Wenn man aus dem großen Online-Angebot die

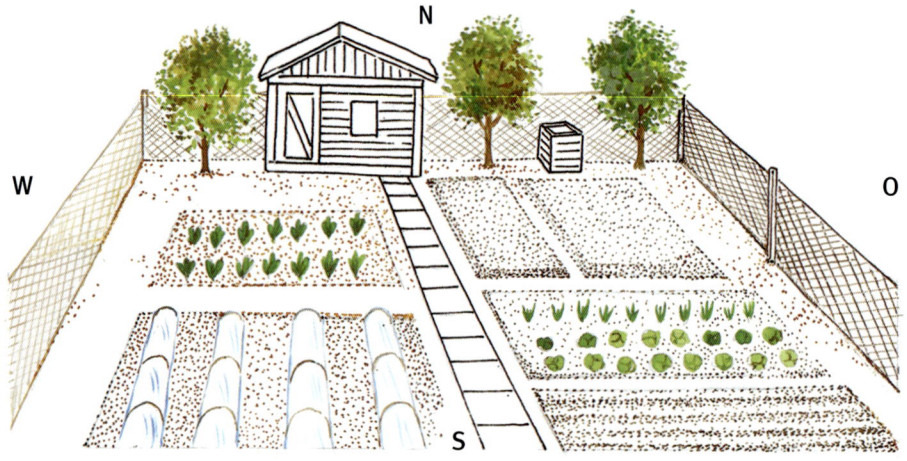

Wenn nach starkem Schneefall Astbruch droht, müssen die Äste abgestützt werden.

passenden Sämereien ausgesucht hat, sollte man unverzüglich bestellen, um zum Zeitpunkt der Aussaat alles zur Hand zu haben.

Arbeiten im Obstgarten

Sollte man beabsichtigen, einen neuen Obstgarten anzulegen, empfiehlt es sich, folgende Überlegungen anzustellen:
• Wie viel Fläche für einen Obstgarten zur Verfügung steht.
• Welche der gewünschten Obstsorten ausgewählt werden. Dabei ist einzukal-

kulieren, dass nicht alle Bäume die gleiche Pflege benötigen.
• Wie viel Abstand man zwischen den Bäumen lässt. Wenn sie wachsen, werden sie mehr Platz brauchen.
• Welche Zusammenstellung der Sorten die günstigste ist. Nach Möglichkeit überlässt man sie einem Fachmann.

Wer schon einen Obstgarten hat und in einigen Monaten Veredelungen vornehmen muss, sollte bei abnehmendem Mond Zweige und Pfropfreiser sammeln und in einer geschützten Grube aufbewahren.

Wie im Blumengarten, ist es auch im Obstgarten unumgänglich, auf einen ungehinderten Abfluss zu achten, um einen Wasserstau zu vermeiden. Man sollte außerdem überprüfen, ob Zweige unter der Last des Schnees zu brechen drohen. Diese werden mit gegabelten Stöcken gestützt oder abgeschüttelt.

In Zonen, in denen es das Wetter erlaubt, sollte man die Kronen von Kastanienbäumen auslichten und ihre Stämme von Trieben befreien. Man kann Apfel- und Birnbäume, in der zweiten Monatshälfte auch Johannisbeersträucher und Himbeerstauden beschneiden. Allerdings nur, wenn kein Frost herrscht.

Pflanzenpflege

Bei geschützten Kulturen ist es notwendig, die Tunnel zu lüften, um Pilzbefall vorzubeugen. So vermeidet man, dass die Luft stillsteht und sich Kondenswasser niederschlägt.

Die Larve des gelben Holzbohrers (Zeuzera pyrina). *Aus ihr entwickelt sich ein Schmetterling von mittlerer Größe mit einer charakteristischen Musterung (Leopardenflecken) der Flügel. Er wird auch „Blausieb" genannt.*

Es ist angebracht, ständig Blumenzwiebeln und Knollen zu untersuchen, weil sie von bestimmten Larven zum Überwintern bevorzugt werden. Ihre Anwesenheit ist mühelos zu erkennen: Sie verursachen Lochfraß und bohren Kanäle in die Zwiebeln und Knollen.

In regelmäßigen Abständen sollte man auch nach den Zimmerpflanzen sehen, die in den Wintermonaten unter der viel zu trockenen und warmen Umgebung unserer Wohnräume leiden. Damit die Blätter nicht verdorren, genügt es, sie einmal wöchentlich mit nicht kalkhaltigem Wasser (destilliertes, abgekochtes oder Regenwasser) zu besprühen. Man kann die Blätter auch mit einem feuchten Tuch vom Staub befreien, der sich auf ihnen angesammelt hat. Gut möglich, dass man dabei unerwünschte Gäste wie die Rote Spinne entdeckt.

Dieser raue Wintermonat lässt nur wenig zu, was der Gesunderhaltung der Pflanzen dient. Man soll jedoch die Stämme, Äste und den Bereich unter Bäumen und Sträuchern mit Kupferoxychlorid (0,5 bis 0,7 %) behandeln, um sie von Pilzsporen zu säubern. Diese Maßnahme kann man nun ohne Weiteres durchführen, wenn sie in den vergangenen Monaten noch nicht ergriffen wurden. Zweck ist es, Pilz- und Sporenreste aus dem Vorjahr zu beseitigen.
  Wenn sich auf dem Stamm Schnitte und Risse befinden, sollten diese gründlich ausgekratzt werden, um die kranken Stellen zu entfernen. Man vermeidet Schimmelbefall, indem man Kerben so schneidet, dass das Wasser ablaufen und sich nicht in den Höhlen sammeln kann. Das dabei freigelegte gesunde Gewebe wird mit einem handelsüblichen Mittel versiegelt. Lochfraß an den Zweigen ist leicht zu erkennen, und zwar durch die Larve des gelben *(Zeuzera pyrina)* oder des roten Holzbohrers *(Cossus cossu)*. In diesem Fall ist es kein Fehler, beim Beschneiden großzügig vorzugehen, damit auch wirklich alle von den Parasiten befallenen Äste entfernt werden.

Die Rote Spinne

Die Rote oder Gelbe Spinne *(Tetranichus urticae)* ist ein schwer zu entdeckendes Insekt, weil es sich an der Unterseite der Blätter verbirgt. Es befällt zahlreiche Zierpflanzen, im Sommer aber auch Obstbäume und Weinreben. Die in Kolonien lebenden Milben hinterlassen ein typisches Muster auf Blättern, indem sie diese anbohren, um den Pflanzensaft auszusaugen. Die Blätter vergilben daraufhin und schließlich geht die Pflanze ein. Die Rote Spinne hält sich bevorzugt in warmer und trockener Umgebung auf. Übermäßige Düngung mit Stickstoff begünstigt ihre Anwesenheit. Zur Vorbeugung und Bekämpfung verwendet man entweder Seifenwasser oder einen Sud aus Brennnesseln, in den man 5 % Bentonit (eine Tonart) mischt. Stark befallene Pflanzen werden vernichtet. In hartnäckigen Fällen verwendet man Pyrethrum.

Die Rote Spinne auf dem Blatt einer Freesie.

Die Eier der Europäischen Spinne, besser bekannt als Rote Spinne. Von ihr befallene Blätter verkümmern und fallen ab.

Februar

☾⊕ Abnehmender Mond

	Blumengarten	Gemüsegarten	Obstgarten
Aussaat		**im Glashaus und auf geschützten Anbauflächen:** Kopfsalat; **auf geschützten Anbauflächen:** Schnittlauch, Schnittsalat, Schnitt-Radicchio, Spinat, Feldsalat	
Schnitt	Rosen; abgestorbene, gebrochene, verwachsene oder überflüssige Zweige; winterkahle Bäume und Sträucher; Hecken, wenn es nicht zu kalt ist; Weihnachtsstern	Gewürzpflanzen mit hölzernem Stamm werden verjüngt	Johannisbeer-, Himbeer-, Heidelbeer-, Brombeerstrauch, Weinstöcke, Apfel-, Birnen-, Quitten-, Pfirsich-, Pflaumen- und Aprikosenbaum
Veredelung			Bei Steinobst werden von einjährigen Ästen Pfropfreiser für die Veredelung abgenommen; diese werden in Plastikbeutel verpackt und in der Tiefkühltruhe aufbewahrt
Arbeiten	Das Erdreich aufarbeiten und düngen	Vorbereitung des Bodens	Boden für die Frühjahrspflanzungen vorbereiten; der Obstgarten wird gesäubert und in Ordnung gebracht

☽☺ Zunehmender Mond

	Blumengarten	Gemüsegarten	Obstgarten
Aussaat	**im Glashaus:** Begonien, Nelken, Löwenmaul, Petunien, Ziersalbei, einjährige Blütenpflanzen; **in Töpfen:** Veilchen und Levkojen; auf geschützten Anbauflächen: einjährige Rankpflanzen	**im Glashaus:** Basilikum, Auberginen, Paprika, Tomaten; **in Töpfen im Warmen:** Gurken; **auf geschützten Anbauflächen:** Gewürzkräuter	
Pflanzen und Umpflanzen	Bäume, Sträucher, Kletterpflanzen, Rosen u. a.	**Umpflanzen auf geschützte Anbauflächen:** Kopfsalat	Fruchttragende Bäume und Sträucher
Vermehrung	Pflanzen mit weichen Stämmen werden durch junge Stecklinge vermehrt; mehrjährige Pflanzen werden geteilt und auseinandergesetzt; die Wurzelknollen der Dahlie kommen ins Treibhaus, damit sie Setzlinge bilden		

Ernte

Im Glashaus oder Folientunnel: Porree, Rucola, Petersilie, Radieschen

Der Februar ist jener lang erwartete Monat, in dem Stück für Stück das Leben zurückkehrt. Sonnentage treten nun ein wenig häufiger auf und dauern immer länger. Auf den Wiesen sprießen Schneeglöckchen und Krokusse, die Bäume beginnen allmählich zu knospen und für den leidenschaftlichen Gärtner beginnt die Zeit der Vorbereitungen.

Arbeiten im Blumengarten

Wenn die Tage nach und nach milder werden, ist es ratsam, während der warmen Stunden Folientunnel und gedeckte Frühbeete zum Lüften zu öffnen. Während der Nacht müssen sie aber wieder geschlossen werden. So erreicht man eine ausreichende Belüftung und vermeidet Schäden durch Kondenswasser.

In kälteren Regionen kann noch Schnee liegen. Daher gibt es auch wenig zu tun, außer den Schnee von allen Bäumen und Sträuchern abzuschütteln. Vor allem bei Azaleen, Rhododendren und Rosen, weil sie die zartesten Zweige haben. Wenn aber der Boden schneefrei und nicht allzu aufgeweicht ist, kann man schon jenen Teil des Gartens umgraben, der für Beete und Rasen vorgesehen ist. Es empfiehlt sich, dabei organischen oder reifen Kompost mit in den Boden einzuarbeiten.

Der Rasen befindet sich noch nicht in der Wachstumsphase. Deshalb sollten zu diesem Zeitpunkt Arbeiten am Rasen vermieden werden, um keine Schäden anzurichten und sein Wachstum im Frühjahr zu beeinträchtigen. Sogar Düngen bei Raureif kann dem Rasen schaden. Für Spaziergänge im Garten wählt man am besten die wärmsten Stunden des Tages, wenn der Frost aufgetaut und getrocknet ist. Diese Zeit nutzt man zum händischen Jäten und entfernt das Unkraut samt den Wurzeln.

Sollte es außergewöhnlich trocken sein, empfiehlt es sich, Erde und Pflanzen zu gießen, um das Wachstum voranzutreiben. Auch Geranien, die zu Winterbeginn gesetzt wurden und vor Witterungseinflüssen geschützt wachsen, müssen bei Trockenheit mäßig gegossen werden.

Zur Monatsmitte beginnen die ersten Blätter von Krokussen, Narzissen, Tulpen und Hyazinthen zu sprießen. Dabei handelt es sich um Pflanzen, die auch im Haus willkommene Farbtupfer darstellen. Wenn man sie sich ins Haus holen möchte, gräbt

Die Zwiebeln der Narzisse können Frost gut vertragen.

Wenn die Hortensie auf kalkhaltigem Boden wächst, blüht sie rot.

man die Knollen bzw. Zwiebeln vorsichtig aus dem Boden, ohne die Wurzeln zu beschädigen. Anschließend werden die Knollen in Töpfe gepflanzt. Wenn sie schneller erblühen sollen, muss man sie nach dem Eintopfen für zehn bis 15 Tage an einen warmen und dunklen Ort stellen.

Nun sollte man auch die Knollen kontrollieren, die man an einem trockenen Ort aufbewahrt hat (zum Beispiel jene der Dahlie). Weisen einige davon sichtbare Zeichen von Schimmel oder Fäulnis auf, müssen sie entfernt werden. Die verbleibenden Knollen werden mit Schwefelpulver oder anderen Pflanzenschutzmitteln behandelt. Keinesfalls gießen, damit weitere Feuchtigkeitsschäden vermieden werden.

Gegen Ende des Monats kann man, wenn es die Temperaturen erlauben, einige Kletterpflanzen wie Gartenwinde, Erbsensträucher (wohlriechende Platterbse), Clematis, aber auch Sträucher wie die Forsythie ins Freie setzen. Diese Pflanzen haben die Eigenschaft, sich um eine Stütze oder ein Spalier zu ranken, manche müssen auch aufgebunden werden.

Im Februar gehen auch die ersten Samen auf. In Anzuchtschalen oder Töpfen, in Glashäusern oder in der Wohnung kann man alle einjährigen Blütenpflanzen aussäen. Aber auch die weitverbreiteten und allseits beliebten Geranien können durch Stecklinge bei 20 °C vermehrt werden.

Ende Februar (wenn es nicht friert) ist es Zeit für den Schnitt von Sträuchern und Kletterpflanzen, die im Sommer, Herbst und Winter blühen. In den meisten Fällen reicht es, jene Zweige zu entfernen, die in der vergangenen Jahreszeit geblüht haben; in anderen Fällen – wie bei der Clematis – erreicht man eine besonders üppige Blütenpracht, wenn man die Zweige auf 20 cm einkürzt. Einem weitverbreiteten Irrtum nach wird die Hortensie drastisch, praktisch auf Bodenniveau, zurückgeschnitten. In Wahrheit blühen nur jene Hortensienzweige aus dem Vorjahr, die höchstens auf 15 cm verkürzt werden und zwei bis drei Knospenpaare aufweisen.

Wenn der Boden nicht gefroren und ausreichend trocken ist, können alle Bäume, Rosen, Hortensien und alle Sträucher verpflanzt werden. Damit das Versetzen ins Freie gut gelingt, gräbt man ein Loch mit 15 cm Durchmesser (für Hortensien) und 40 cm für Rosen und durchmischt die ausgehobene Erde mit Dünger, Torf oder mit reifem organischem Kompost. Man gräbt die Pflanze bis zum Wurzelhals ein und tritt die Erde fest, um schädliche Lufteinschlüsse zu vermeiden. Dann wird nach Bedarf gegossen.

Hortensien richtig beschneiden

Das Beschneiden der Hortensie ermöglicht es der Pflanze, im Frühling zu blühen. Die Blüten bilden sich aber nur auf Zweigen aus dem Vorjahr. Dies sollte man beim Schnitt beachten.

abnehmender Mond

Weihnachtsstern beschneiden

abnehmender Mond

Wenn er verblüht ist, kommt der Weihnachtsstern in einen ungeheizten Raum, nachdem man ihn um etwa ein Drittel seiner Größe zurückgeschnitten hat.

Das Beschneiden der Rosen

Das Stutzen von Rosensträuchern dient der Entfernung von verdorrten Zweigen in der Mitte des Busches. Es ist darauf zu achten, dass der Schnitt über einer nach außen gewandten Knospe erfolgt. Auch bei Rosenbäumchen entfernt man zuerst die trockenen Zweige im Inneren. So wird das Wachstum jener seitlichen Triebe gefördert, die dann die Hauptzweige ersetzen können.

abnehmender
Mond

Der Weihnachtsstern hat im Februar so ziemlich alle seine Hochblätter (die rot gefärbten Blätter) verloren, sei es weil er vom Blumenhändler hochgezüchtet wurde, sei es weil er das trockene, warme Klima unserer Wohnungen nicht verträgt. Damit er im nächsten Jahr wieder schön wächst, schneidet man ihn um ein Drittel seiner Gesamtgröße zurück und stellt ihn an einen kühlen Ort. In dieser Ruhephase stellt man das Gießen ein. Im Frühling kann man ihn dann in den Schatten eines Baumes stellen.

Rosen müssen mindestens einmal jährlich zurückgeschnitten werden, idealerweise im Februar oder März. Macht man dies zu früh, gefährdet man die Erholung der Pflanze, was ihre Schwächung zur Folge hat. Beim Winterschnitt müssen zuerst alle verdorrten oder von Parasiten befalle-nen Zweige entfernt werden. Dann kürzt man die Äste, um die Bildung neuer Triebe und ein üppiges Blütenwachstum zu fördern. Achtung: Der Schnitt erfolgt schräg und etwa 1 cm über einer nach außen gewandten Knospe.

Arbeiten im Gemüsegarten

Bei mildem Klima fährt man mit dem Umgraben fort. Man entfernt sorgfältig das Unkraut und düngt das aufgeworfene Erdreich gründlich. So werden die zu bebauenden Beete vorbereitet. An sonnigen Tagen werden die Folientunnel und die Glashäuser geöffnet, damit sich keine Staunässe bildet.

Wo lokal sehr laue Temperaturen herrschen, kann man auf freien Anbauflächen schon Knoblauch und manche Liliengewächse wie Schalotten und kleine Zwiebeln pflanzen. Knoblauch zu pflanzen ist sehr einfach: Man löst die gut entwickelten, ungeschälten Zehen von der Mutterzwiebel und setzt sie mit der Spitze nach oben 5 cm tief in die Erde ein. Der Abstand zwischen den Pflanzen sollte 12 bis 15 cm, jener zwischen den Reihen 20 bis 30 cm betragen. In Gegenden, wo der Frost wiederkehren kann, ist es besser, das Beet mit einer Abdeckung zu versehen, die man leicht entfernen kann.

Mitte des Monats sät man in Töpfen und vor Kälte geschützt Wassermelonen, Gurken, Zuckermelonen und Zucchini. Man erhält dann Pflänzchen, die Ende März zusammen mit den Erdballen in geräumige Tunnel kommen, wo sie den ganzen April über bleiben.

Während der ersten 15 Februartage werden auch noch Basilikum, Auberginen, Paprika und Tomaten in Glashäusern angesät. Die aufgegangenen Pflänzchen mitsamt den Erdballen wandern im März ins Freie. Unterdessen wird die Feuchtigkeit der Sämlinge in den Tunnels und in gedeckten Frühbeeten kontrolliert. Man achtet auch, dass sich die keimenden Pflanzen nicht ineinander „verfilzen", weil sie zu wenig Licht haben und nicht zu dicht beieinander wachsen. In diesem Fall muss man sie vereinzeln und auslichten, damit sie sich gut entwickeln können.

Knoblauch pflanzen

Man löst die gut entwickelten und ungeschälten Zehen von der Mutterknolle. Diese werden 5 cm tief in die Erde gepflanzt, zwischen den Reihen lässt man einen Abstand von 20 bis 30 cm, zwischen den Pflanzen in einer Reihe 12 bis 15 cm Abstand.

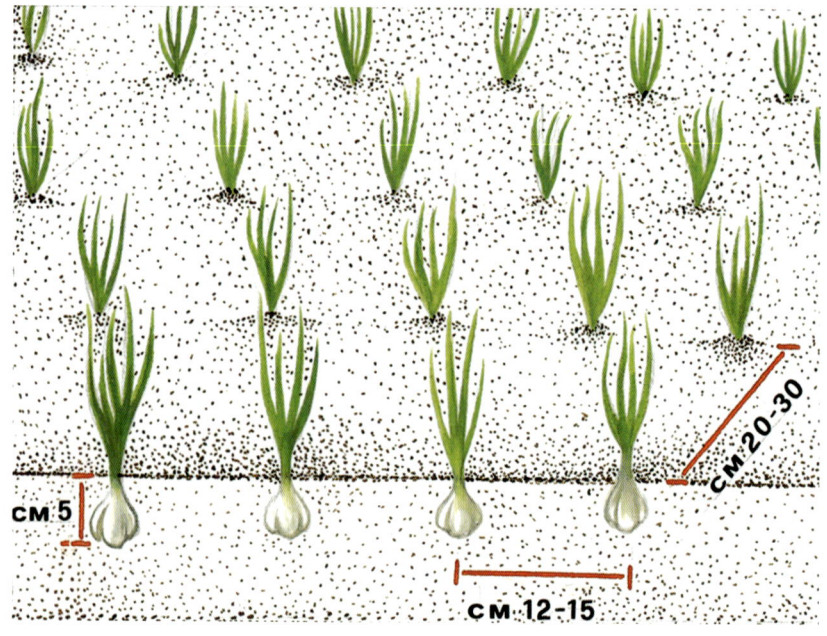

Wie man ein Spargelbeet anlegt

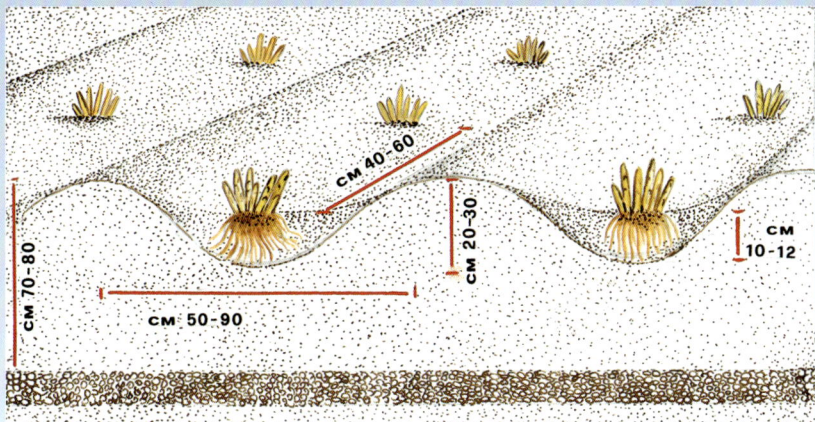

Das Anlegen eines Spargelbeets hängt von den Samen und der bevorzugten Entwicklungszeit ab. Man entscheidet sich, ob man ein- oder zweijährigen Spargel nimmt. Die Auswahl muss gewissenhaft erfolgen, weil Spargel sehr leicht krankheitsanfällig ist. Damit der Spargel wachsen kann, braucht er einen gut entwässerten und durchlässigen Boden. Daher ist es gut, wenn man rechtzeitig eine 70 bis 80 cm dicke Schicht aus Blähton (wie er auch bei der Hydrokultur verwendet wird) aufschüttet und diese mit Erde bedeckt. Dann zieht man 20 bis 30 cm tiefe und 50 bis 90 cm breite Furchen (je nachdem, ob man einfache oder Zwillingsreihen anlegen will). Die Wurzelballen des Spargels werden 10 bis 12 cm tief eingepflanzt, zwischen den Pflanzen soll ein Abstand von 40 bis 60 cm liegen. Danach werden die Furchen ausgeglichen, indem man sie mit einem Gemisch aus Gartenerde, Torf und hochwertigem Dünger auffüllt und das Material gut feststampft. Das darauffolgende Jahr über wird gelegentlich gegossen. Im Herbst trennt man die Blütenstände ab, die sich aus den Pflanzen gebildet haben. Rund um die Pflanzen wird etwas Erde abgegraben und mit reifem Dünger vermischt wieder aufgefüllt (Häufeln), wobei man kleine Querrillen zieht. So gelangen Nährstoffe besser an die Pflanzen und im nächsten Frühjahr beginnen sie zu sprießen. Aber erst nach drei Jahren erhält man eine bescheidene Ernte: vier bis fünf Spargelstangen pro Pflanze.

Tipp: Während der ersten Jahre empfiehlt es sich, nicht alle Spargel zu ernten. So werden die Wurzeln stärker und die Ernte wird größer.

abnehmender Mond

Jetzt wird noch einmal gesät, diesmal aber, um bei abnehmendem Mond alles zu unternehmen, um dem bekannten Phänomen des „Vergeilens" (die Pflanzen schießen infolge Lichtmangels auf) entgegenzuwirken.

Man nähert sich dem Ernte-Abschluss beim Radicchio, den man in den vergangenen Monaten zur Reife gebracht hat.

Arbeiten im Obstgarten

Neben dem Setzen von Obstbäumen und -sträuchern fasst man nun die letzte Vorbereitungsarbeit, das Beschneiden, ins Auge. Natürlich nur, sofern es mild genug und nicht frostig ist. Bleibt der Baumschnitt aus, trägt der Baum weniger Früchte, weil er mehr Äste und Blätter hervorbringt.

Das Stutzen erfolgt von den ersten Jahren weg je nach Baumart und der Wuchsform der Krone, die erreicht werden soll:

Zuerst wird das Kernobst (Apfel, Birne, Quitte) beschnitten, dann das Steinobst (Pfirsich, Nektarine, Pflaume, Aprikose) und schließlich Weinstöcke. Es gibt viele Kronenformen, beim Kernobst kennt man die freie Form (die nicht gebräuchlich ist), Pyramidenform, Topfform, die regelmäßige und die unregelmäßige Palmette (Fächerform). Beim Steinobst unterscheiden wir die Topfform, die unregelmäßige Palmette und die Spindelform.

Der Baumschnitt ist eine schwierige Arbeit. Wer darin kein Experte ist, riskiert mit einem zu weit greifenden Schnitt die Blütenknospen am Ende des Zweiges zu beseitigen, was sich ungünstig auf die Fruchtbarkeit des Baumes auswirkt. Es ist von daher ganz gut, sich vorerst von einem Fachmann helfen zu lassen und die Schnitttechniken zu erlernen. Sobald ein Obstbaum gepflanzt ist, trägt er im nächsten Jahr auch schon Früchte. Bis er aber einmal die gewünschte Wuchsform und seine höchste Ergiebigkeit erreicht, braucht er vier bis sechs Jahre.

Kronenformen und Baumschnitt bei Steinobst
■ Die unregelmäßige Fächerform

abnehmender Mond

Achtung: Bei Steinobst darf der Baumschnitt nie drastisch ausfallen, da man sonst riskiert, sämtliche Blütenknospen zu entfernen. Dann trägt der Baum im kommenden Jahr keine Früchte.

■ Spindelform

Die unregelmäßige Palmette und die Spindelform werden meist nur bei speziellen Steinobstsorten angewandt. Immer häufiger kommen sie aber auch bei einzelnen Pflanzen von verwandten Arten zum Einsatz. Üblicherweise beschneidet man zuerst Aprikosen-, Pflaumen- und Pfirsichbäume und schließlich Nektarinenbäume.

Kronenformen und Baumschnitt bei Kernobst

Freie oder halbfreie Formen wendet man bei Äpfel- und Birnenbäumen nur dann an, wenn diese mit kräftigen Pfropfreisern veredelt werden. Freie Formen sind vor allem in kleinen Obstgärten üblich, wo es im Allgemeinen nur einen Baum pro Fruchtsorte gibt und das Beschneiden hauptsächlich dazu dient, das Wachstum zu verbessern. Die halbfreie Pyramidenform beim Birnenbaum erreicht man, indem man die Spitze seiner zentralen Achse beschneidet.

■ Freie Formen

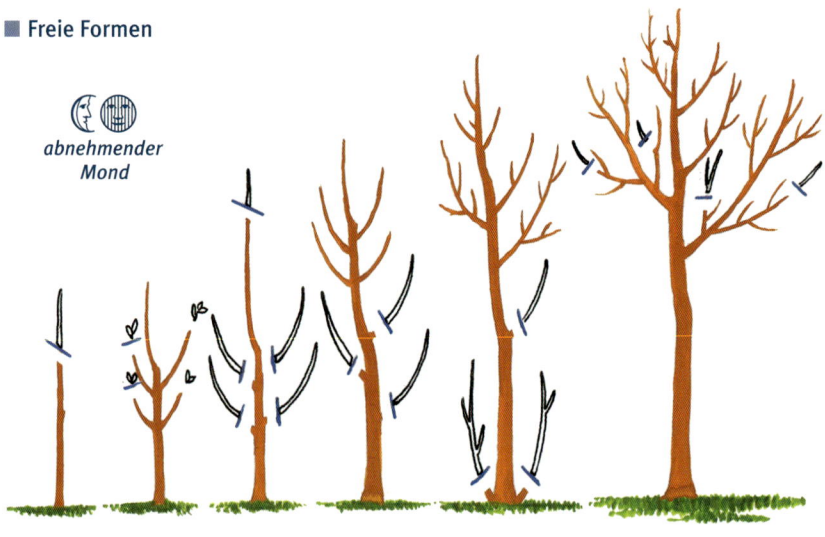

abnehmender Mond

■ Pyramidenform beim Birnenbaum

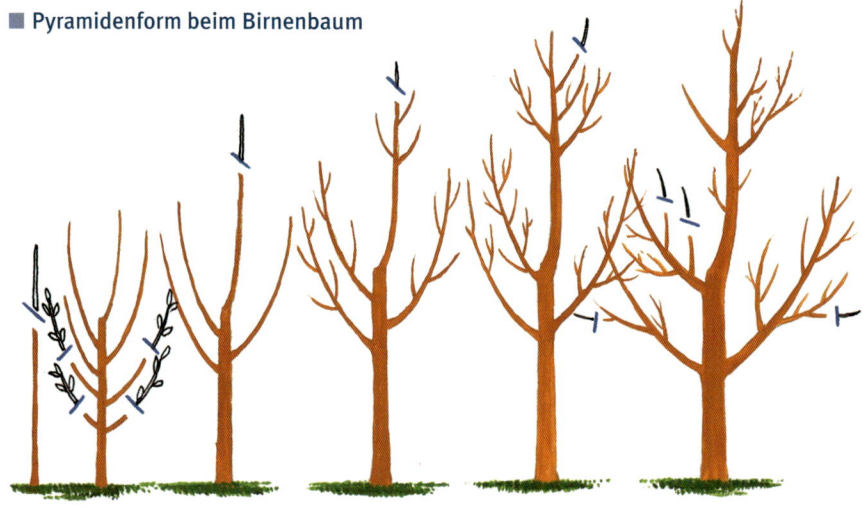

Kronenformen und Baumschnitt bei Kernobst

Die regelmäßige Form kommt im Prinzip nur bei speziellen Obstsorten vor, deren Anbau traditionell nach bestimmten Charakteristika verlangt. Man kann sie aber auch in kleineren Obstgärten anwenden, was den beträchtlichen Vorteil hat, dass die Bäume weniger Platz brauchen. So kann man mehr Bäume setzen, als es beim Schnitt in freier Form möglich wäre. Die gebräuchlichsten Formen sind die regelmäßige und die unregelmäßige Palmette, die leichter auszuführen sind und einen höheren Ernteertrag liefern.

■ **Regelmäßige Palmette**

abnehmender Mond

■ **Unregelmäßige Palmette**

Pflanzenpflege

Der Februar ist im Großen und Ganzen kein Monat, in dem man allzu viele Maßnahmen für die Gesunderhaltung der Pflanzen ergreifen muss. Was man tun kann, sollte aber nicht aufgeschoben werden.

Auch die jungen Pflänzchen, die noch kaum aufgekeimt sind oder eben erst gesetzt wurden, können bereits schädlichen Parasiten als Wirt dienen.

Es ist leicht möglich, dass man beim Umgraben oder Lockern der Erde auf den Drahtwurm, die Larve des Schnell- oder Springkäfers (ca. 2 cm lang) oder den Engerling, die Larve des Maikäfers, stößt. Diese gefräßigen Insektenlarven ernähren sich von zarten Wurzeln, die jungen Pflanzen werden welk und gehen ein. Zu ihrer Bekämpfung behandelt man den Boden noch vor der Aussaat oder der Bepflanzung mit Insektiziden.

Eine von Wurzelfäule befallene Pflanze.

Maikäfer (Melolontha melolontha)

Andere Insekten leben an der Erdoberfläche und verursachen in diesem Monat vielerlei schwere Schäden, so z. B. der Ohrwurm. Er frisst Blüten und Blätter verschiedener Pflanzen an, ist aber vor allem „gierig" nach Dahlien. Wanzen fressen Löcher in Blätter und Blüten, die sich daraufhin einrollen und Missbildungen aufweisen.

Andere blattfressende Insekten greifen sowohl als Larven als auch als ausgewachsene Tiere die oberen Teile junger Pflanzen an. So befällt der Rote Brenner (Schadpilz) besonders Lilien und

Ohrwurm (Forficula auricularia)

Maiglöckchen. Besonders schädlich ist das Spargelhähnchen durch Blatt- und Wurzelfraß an den Spargelpflanzen. Zur Vorbeugung besprüht man die taufeuchten Blätter mit einem entsprechenden Mittel aus dem Fachhandel.

Ohne Weiteres kann man jetzt schon während der warmen Stunden die Folientunnel öffnen, um für Luftzirkulation zu sorgen und Staunässe zu vermeiden. Diese löst nämlich Pflanzenkrankheiten wie Wurzelhalsfäule aus. Zur Prävention wählt man resistente Sorten und achtet auf ausreichende Belüftung. Sind Pflanzen schon befallen, müssen sie entfernt werden. Die verbleibenden Pflanzen behandelt man mit Kupferoxychlorid.

Schädliche Wanzen: Eurydema ventrale, E. oleraceum, E. ornatum.

Die Schildlaus

Während man Obstbäume beschneidet und Sträucher stutzt, ist es wichtig, darauf zu achten, ob die Stämme Unregelmäßigkeiten aufweisen. Ein Eingriff mit chemischen Produkten ist nicht erforderlich. Hin und wieder abbürsten reicht! Sieht man danach noch Eier auf dem Stamm, klebrige, weiße Flüssigkeit (Honigtau), kleine weiße oder schwarze schildartige Gebilde (Schildläuse) auf den Ästen, wird mit einer weichen Bürste nachgeputzt.

März

⟨⟩ Abnehmender Mond

	Blumengarten	Gemüsegarten	Obstgarten
Aussaat		**im Glashaus bzw. Folientunnel:** verschiedene Salatarten, Spinat, Artischocken (unter Glas), Radieschen, Auberginen	
Schnitt	Abschluss des Schnitts von winterkahlen Bäumen und Sträuchern; Rosen		Abschluss des Schnitts (Kronenform und zur Erhöhung des Ertrags) bei Steinobst, Kernobst, Kleinfrüchten und Wein
Veredelung			Äpfel, Birnen und Steinobst
Arbeiten	Den Garten für die Pflanzung im Freien vorbereiten; der Bereich unter Bäumen, Sträuchern und Rosen wird, wenn der Boden nicht mehr gefroren ist, gerecht und gehackt; Umtopfen der Zimmerpflanzen	Vorbereitung der Beete für die neue Saison	Düngen und Verteilen des Düngers; Obstbäume behandeln; Rechen

Ernte

Im geschützten Gemüsegarten: Porree, Radicchio, Feldsalat, Kopf- und Schnittsalat, Petersilie, Radieschen

☽☺ Zunehmender Mond

	Blumengarten	Gemüsegarten	Obstgarten
Aussaat	**im Glashaus:** Zyklamen; einjährige Blumen werden vermehrt	**in Töpfen im Warmen:** Basilikum, Gurken, Melonen; **im Glashaus und auf geschützten Anbauflächen:** Basilikum, Auberginen, Tomaten, grüne Bohnen, Buschbohnen, Gewürzkräuter im geschützten Bereich	
Pflanzen und Umpflanzen	**im Glashaus umpflanzen:** Begonien, Nelken, Petunien, Salbei, Löwenmäulchen, Portulak, Levkoje, Fuchsschwanz, Zinnien, Glockenblumen, Kresse; **in Töpfe:** Veilchen; **ins Freie:** Sträucher, frische Rosenpflanzen, winterkahle Bäume und Sträucher	**Umpflanzen auf geschützte Anbauflächen:** Kopfsalat, Basilikum, Auberginen, Paprika, Tomaten, Gurken, Wassermelonen	Neue Bäume und Sträucher, Pflanzung von Haselnüssen, Kiwi, Kernobst, Steinobst, Kleinfrüchten, jungen Reben und Wurzelstecklingen
Vermehrung	Vermehrung durch Ableger, Setzlinge und Absenken bei Pflanzen, die ihr Wachstum wieder aufnehmen; Setzlinge von Chrysanthemen werden abgenommen; einjährige Pflanzen geteilt, geputzt und verpflanzt	Schnittlauch, Estragon, Melisse, Minze, Majoran und Bohnenkraut werden in Büschel geteilt und auseinander gesetzt	Vermehrung durch Ableger und Teilung der Büsche bei Himbeeren und Brombeeren

Im März beginnt der Frühling, die Natur erwacht, erneuert sich und beginnt mit einem neuen Wachstumszyklus. Nun gibt es viel zu tun, aber Achtung: Der März spielt auch ein wenig „verrückt" und das Wetter schlägt oft um. Niedrige Temperaturen und sogar Frost können nochmals auftreten, sodass man sich gezwungen sieht, das Säen und Pflanzen zu verschieben.

Arbeiten im Blumengarten

Der Beweis für die Ankunft des Frühlings ist, dass die Wiesen mit der zurückkehrenden Lebenskraft zu grünen beginnen. Wenn die Temperaturen 15 °C erreichen und es nicht zu nass ist, empfiehlt es sich, den Rasen zu harken. So werden die durch Regenwürmer verursachten Erdaufwerfungen entfernt. Äste und Laub, die sich im Winter angesammelt haben, werden beseitigt. Damit keine Staunässe entsteht, sorgt man dafür, dass die Abflussgräben nicht verstopft sind. Wenn man den Rasen in dieser Phase unterstützen möchte, sollte man ihn nun düngen. Man verwendet dazu eine Düngermischung,

die außer Stickstoff auch andere Nährstoffe (Phosphor und Kalium) enthält. Auf jeden Fall erfolgt die erste Mahd, wenn das Gras 8 bis 10 cm hoch ist.

Wie immer sollte zum Säen und Umpflanzen der abnehmende Mond abgewartet werden. Dann fassen die Pflanzen leichter Wurzeln und wachsen schneller. Wenn sich die Temperatur bei über 10 °C eingependelt hat, kann man mehrjährige und einjährige Feldblumen im Glashaus säen.

In diesem Monat fährt man mit der Aussaat der anderen Zierpflanzen im Glashaus und in Frühbeeten (12 bis 18 °C) fort.

Wenn sich die ersten richtigen Blätter (nach den Keimblättern) zeigen, wird es Zeit, die Keimlinge erstmals aus dem Glashaus in Folientunnel (oder ins Haus) zu verpflanzen. Das betrifft Begonien, Nelken, Levkojen, Ziersalbei, Petunien, Löwenmäulchen, Zinnien, rankende Schneeglöckchen und Kresse. Später kann man diese Pflänzchen dann zusammen mit den Erdballen an ihrem endgültigen Standplatz einsetzen.

Gartenringelblume (Calendula officinalis), auch Spanische Nelke genannt.

Beschneiden der Dieffenbachia

Hat die Dieffenbachia *(Dieffenbachia amoena)* ihre Blätter verloren, kann man ihren Stamm etwa 10 cm über dem Boden, knapp über einem Blattknoten, abschneiden. Weil der Saft der Pflanze giftig ist, sollte man darauf achten, nicht damit in Berührung zu kommen und die Hände nach dem Schneiden gründlich waschen. Die Erde muss stets feucht gehalten werden und die Temperatur darf nie unter 15 °C sinken.

abnehmender Mond

Gegen Ende des Monats werden Rosenstöcke, winterkahle Bäume und Sträucher und mehrjährige Sträucher und Kletterpflanzen wie Clematis und Scheinrebe *(Ampelopsis)* ins Freie verpflanzt.

Anfang März wird die Hortensie von allen toten Pflanzenteilen (verdorrte Zweige und Blätter) befreit. Die verbleibenden Zweige werden so gestutzt, dass jeweils zwei bis drei Knospenpaare, die sich schon geöffnet haben, übrig bleiben.

März ist der Monat der Stecklingsvermehrung, so z. B. bei der Chrysantheme. Dazu nimmt man jene Seitentriebe, die etwa 7 cm über dem Boden sprießen, nicht länger als 3 cm sind und keine Knospen tragen. Die unteren Blätter schneidet man weg und taucht die Stecklinge in ein Bewurzelungshormon. Wenn es kalt ist, pflanzt man den Steckling in ein Glashaus in ein Gemisch aus Torf und Sand.

Gegen Frühlingsende leiden auch die Zimmerpflanzen unter der trockenen, warmen Luft in Innenräumen. Sie erholen

sich wieder, wenn man ihre Töpfe mit frischer Komposterde auffüllt. Ihr Wachstum fördert man mit Flüssigdünger, den man nach den Angaben auf dem Flaschenetikett in das Gießwasser mengt. Pflanzen, die umgetopft werden, muss man allerdings

nicht düngen. Man kann leicht erkennen, wann eine Pflanze umgetopft werden muss: nämlich dann, wenn ihre Wurzeln durch das Abzugsloch am Topfboden wachsen. Man geht folgendermaßen vor: Die Pflanze wird aus dem Topf gezogen (der Wurzelballen löst sich leichter, wenn man den Topf umdreht und mit dem Rand leicht gegen eine Tischkante schlägt). Man kontrolliert die Wurzeln und entfernt faule oder vertrocknete. Hat sich ganz unten ein Filz aus Wurzelfäden gebildet, schneidet man ihn so zurück, dass sich der Wurzelapparat neu bilden kann. Dann legt man eine Tonscherbe über das Abzugsloch eines Topfes, der etwas größer ist als der alte, bedeckt den Topfboden mit Erde, setzt die Pflanze hinein und füllt mit Erde auf.

Arbeiten im Gemüsegarten

Mit steigenden Temperaturen steigt auch die Häufigkeit des Gießens, allerdings mit Maß. Man verwendet immer Wasser, das so warm ist wie die Umgebung, damit keine Schäden an den Pflanzen entstehen. Die Feuchtigkeit in den geschützten Anbauflächen wird geprüft. Ist die Erde zu trocken, wird gegossen.

Im Glashaus wartet man so lange, bis das Wachstum der Pflanzen nicht mehr so stark ist. Dann – Mitte März – werden Basilikum, Auberginen, Tomaten, aber auch Wassermelonen, Gurken, Zuckermelonen und Zucchini (die man im Vormonat in Töpfe gesät hat) an geschützte Anbauflächen verpflanzt.

Beim Pflanzen, Vereinzeln und Umsetzen von Gemüsepflanzen ist Vorsicht angebracht, um die Pflanzen nicht zu verletzen. Es wird empfohlen, die Pflanzen nie am Stiel aus der Erde zu reißen, sondern – am Ansatzpunkt der Blätter – zwischen den Fingern nach oben zu ziehen. Hat die Pflanze die ersten beiden wirklichen Blätter entwickelt, kommt jede einzelne in ein eigenes Gefäß. Beim Umsetzen hält man die Erde mit den Fingern fest. Im nächsten Monat, wenn die Pflanze endgültig ins Freie kommt, kann man sie zusammen mit dem Erdballen versetzen (Pikieren).

Um junge Pflanzen zum Wurzeln und einige Hölzer zum Austreiben (d. h. zur Bildung von Wurzeln und Blättern) anzuregen, beschneidet man die Blätter, die Wurzeln oder beides. Letzteres gilt für Mangold, Artischocken, Zwiebeln, Lauch und Sellerie. Bei Tomaten, Auberginen und Paprika nimmt man diesen Eingriff nicht vor. Vielmehr sollten diese Gemüsearten erst dann umgesetzt werden, wenn sie gut entwickelt sind. Der Umpflanzungsstress für die Pflanzen lässt sich weitgehend vermeiden, wenn man mit dem Erdballen umsetzt. Man geht dabei folgendermaßen vor: Mit einem Pflanzholz

Das Pikieren

Das Pikieren ist eine Technik, die man üblicherweise zum Verpflanzen samt dem Erdballen anwendet. Zuerst kommen die Samen in ein Glashaus – oder noch besser in ein Pflanzgefäß, das in einzelne Fächer unterteilt ist. Wenn die Pflanzen die ersten wirklichen Blätter (nach den Keimblättern) entwickelt haben, setzt man sie in einzelne mit Erde gefüllte Töpfe um. Die Keimlinge kommen in die vorbereiteten Löcher. Diese Arbeit erfordert besondere Sorgfalt, damit die Pflänzchen nicht verletzt werden.

abnehmender
Mond

(Setzholz) bohrt man ein Loch der gewünschten Größe in die Erde. Dort setzt man die Pflanze hinein, wobei darauf zu achten ist, dass die Wurzeln nach unten gerichtet sind und nicht umknicken. Dann wird das Loch geschlossen und die Erde festgedrückt, aber nicht zu kräftig, damit die Wurzeln keinen Schaden nehmen. Auf zwei Dinge muss man dabei achten: Dass man nie vergisst, die Erde anzudrücken, sonst bilden sich schädliche Lufteinschlüsse. Zweitens, dass die Pflanze in der richtigen Tiefe eingesetzt wird: Man nimmt die Oberseite des Erdreichs als Trennlinie zwischen Wurzeln und Blättern (Wurzelhals).

Wenn es die Temperatur zulässt, kann man im März jene Zwiebeln (oder deren kleine Knollen) ins Freie setzen, die im Herbst gewachsen sind. Man setzt sie in einem Abstand von 25 bis 30 cm zwischen den Reihen und 15 bis 20 cm in der Reihe. Auch die Wurzeln von Rettich und Feldrittersporn sowie der vorgekeimte Topinambur werden ins Freie gepflanzt. Die Knollen kommen in 10 cm tiefe Furchen und werden mit 5 cm Erde bedeckt. Wenn die Keimlinge eine Höhe von 8 bis 10 cm erreicht haben, bedeckt man sie reichlich mit Erde und zieht Furchen zwischen ihre Reihen. Das hat zwei Vorteile: Das Gießwasser kann besser ablaufen und die Knollen, die sich in Zukunft entwickeln, sind geschützt.

Salat, Schnitt-Radicchio und Radieschen, die an geschützten Anbauflächen gereift sind, kann man nun ernten. Außerdem erntet man den im Herbst gesäten Spinat.

Die Luftfeuchtigkeit, die Milde und das Mehr an Licht in diesem Monat begünstigen das Wachstum von Nutzpflanzen und Unkraut gleichermaßen. Man entfernt das Unkraut händisch (jäten); die Erdfeuchtigkeit erleichtert dabei das Herausziehen der Wurzeln.

Arbeiten im Obstgarten

Im März kommen auch die Arbeiten im Obstgarten in Gang. Gegen Ende des Monats werden die Baumschnitte abgeschlossen, die man im Februar an Äpfel-, Birnen-, Quitten-, Pfirsich-, Pflaumen-, Aprikosen- und Kirschbäumen begonnen hat. Unmittelbar danach muss der Boden unter den Bäumen von allen Schnittabfällen gesäubert werden. Unter anderem behindert man sich sonst selbst beim Rasenmähen.

Bei optimalen Boden- und Klimabedingungen kann man neue Bäumchen pflanzen: Haselnüsse, Kiwi, sowie Kernobst (Äpfel, Birnen, Quitten) und Steinobst (Pfirsich, Nektarinen, Pflaumen, Aprikosen, Kirschen), aber auch kleine Früchte (Himbeeren, Heidelbeeren, Johannisbeeren, Brombeeren, Stachelbeeren). Bäume pflanzen ist im Allgemeinen eine denkbar einfache Angelegenheit, mit einigen Tricks wird es sogar noch unkomplizierter. Bei Trockenheit wird der Boden vorbereitet. Bei gekauften Bäumen sind normalerweise die Wurzeln verpackt, damit sie beim Transport nicht beschädigt werden. Wenn das Packmaterial biologisch abbaubar ist (zum Beispiel aus Jute oder Stroh), öffnet man es vorsichtig, sobald der Baum in der vorbereiteten Grube ist. Man belässt das Material einfach am Boden der Grube. Anders allerdings, wenn die Wurzeln mit Gewalt in ein Plastikgefäß gestopft wurden. In diesem Fall muss man das Bäumchen natürlich aus dem Topf ziehen. Dabei lässt man die Erde an den Wurzeln. Kiwi-Schösslinge werden an einen Baumpfahl gebunden. Diese Methode empfiehlt sich aber auch für alle anderen Obsthölzer, die ins Freie gesetzt werden.

Es kommt auch vor, dass man bei Baumschulen Pflanzen mit nackten Wurzeln zum Kauf angeboten bekommt. In diesem Fall sollten Äste und Wurzeln beschnitten werden. Die Wurzeln werden einige Stunden vor der Pflanzung in ein Gemisch aus Ton, Wasser und reifem Kompost getaucht. Dieser Vorgang heißt Einschlämmen und dient der Wiederbefeuchtung der Wurzeln.

Eine andere heikle Arbeit an Bäumen ist der Kerbschnitt, der die Entwicklung der seitlichen Äste und die Ausbildung neuer Seitenstämme fördert. Der Schnitt wird mit einer Baumschere längs der zentralen Achse an den schwächsten Zweigen vorgenommen. Und zwar knapp über den Blattknospen, wenn diese kurz vor dem Beginn der Wachstumsphase zu sprießen beginnen. Der Schnitt soll gerade so tief ausfallen, dass an dieser Stelle der Fluss der Pflanzensäfte unterbrochen wird. Weitere Schnitte können mit einer Säge ein wenig unter den schwächeren seitlichen Ästen vorgenommen werden, um der Pflanze Gleichgewicht zu verleihen. Man macht dies auch über den ersten Ästen des Baumes (wenn sie zwei bis drei Jahre alt sind), damit sie sich nach unten neigen und die Öffnung der Krone ermöglichen.

Pflanzenpflege

Weil der März ein wichtiger Monat für das Pflanzenwachstum ist, kommt auch dem Pflanzenschutz große Bedeutung zu. Zur Vorbeugung vor Parasitenbefall und Pflanzenkrankheiten sind einfache Regeln zu befolgen.

Man beginnt nach Möglichkeit mit der behutsamen Auswahl der anzubauenden Sorten. Dabei werden solche ausgewählt, die gegen die häufigsten Krankheiten resistent sind.

Eine effektive ökologische Methode, um das Auftreten von Unkraut einzudämmen, ist die Strohschütte (Abdeckung). Man

Pflanzen von Obstbäumen

Im Winter wurden Gruben für die Pflanzung von Obsthölzern vorbereitet. Wurden die Bäumchen lange vor dem Einpflanzen gekauft, müssen sie – bis man sie einsetzen kann – mit einer ausreichenden Sandschicht bedeckt aufbewahrt werden, die sie vor Frost schützt. Wenn zu lange Wurzeln gekürzt und beschädigte entfernt wurden, taucht man den Wurzelapparat in ein Gemisch aus feiner Tonerde, Wasser und reifem Kompost (Einschlämmen). Diese Wiederbefeuchtung hilft dem Baum, Wurzeln zu fassen. Nun bindet man das Bäumchen an eine Baumstütze und stellt beide zusammen in die Grube. Dabei ist darauf zu achten, dass der Wurzelhals niemals über der Oberfläche des Erdreichs sein darf. Die Wurzeln werden mit guter, nicht bröckeliger Erde bedeckt, die man anschließend feststampft, damit sie die Wurzeln umschließt und keine Luftlöcher entstehen. Rund um die Pflanze kann das Erdreich leicht erhöht werden, sodass sich um den Stamm des Bäumchens ein kleiner Graben bildet, in dem sich Regen- und Gießwasser sammelt.

zunehmender Mond

Schäden, wie sie die Larve der Zwiebelfliege anrichtet.

Eine häufige Krankheit ist die Wurzelhals- und Wurzelfäule (*Pythium* spp.). Sie tritt bei kompakter Erde mit erhöhter Feuchtigkeit auf. Dort hält sich der Pilz auf und verbreitet sich über jene Reste der Kultur, die sich in Zersetzung befinden. Befällt er junge Pflanzen und Keimlinge, weisen diese weiche, dunkle Stellen am Fuße der Stiele auf.

Am Ende der Ruhephase von Obstbäumen, wenn ihre Knospen beginnen aufzugehen, ist der richtige Zeitpunkt, um die ersten vorbeugenden Maßnahmen gegen Krankheiten wie Braunfleckigkeit, Polsterschimmel, Kräuselkrankheit usw. zu ergreifen. Wenn sich der Frühling nicht unvermutet verzögert, führt man die Arbeiten normalerweise Mitte März durch. Nur der Mandelbaum, der rund 15 Tage früher als die anderen Obstbäume blüht, wird früher behandelt. Bei Stein- und Kernobst verwendet man Kupferoxychlorid und Kupferkalkbrühe. In südlichen Regionen mag es sein, dass Obstbäume schon in der Blüte stehen. In dieser Periode darf man niemals Pflanzenschutzmittel anwenden, weil dadurch nützliche Insekten vernichtet werden, so z. B. die Bienen, die durch die Übertragung des Blütenstaubes die Befruchtung der Pflanzen ermöglichen.

Auch Obstbäume müssen behandelt werden, vor allem wenn man beim Beschnitt Schorfbefall bemerkt hat. Dieser wird von Bakterien verursacht, die sich in jenen Stellen sammeln, an denen Pflanzen Hagel- oder Froststellen aufweisen. Dort lösen sie das Wachstum von dunkelbraunen bis schwarzen Stellen aus, die zur Verkrümmung der Äste führen. Das beste Mittel dagegen ist, die kranken Äste zu entfernen und zu verbrennen. Die verletzten Stellen werden mit Wundsalbe desinfiziert.

Außerdem kann bei älteren Kastanienbäumen sowie bei Zitrusgewächsen der Baumfraß beschädigte Stellen am Stamm herbeiführen. Es empfiehlt sich diese Risse, die manchmal recht tief sind, mit undurchlässigem Kitt zu schließen, damit sich während der häufigen Regenfälle im März und April kein Wasser darin sammeln kann.

verwendet dazu entweder spezielle Kunststofffolien, Stroh, Sägespäne oder Rinde von Nadelhölzern. Sie alle haben die Eigenschaft, luft- und wasserdurchlässig zu sein, aber gleichzeitig das Unkrautwachstum zu hemmen.

Ein Insekt, das irreparable Schäden anrichtet, ist die Zwiebelfliege (*Delia antiqua*). Sie befällt nicht nur Zwiebeln, sondern auch andere Liliengewächse (z. B. Beispiel Narzissen, Iris, Lauch und Knoblauch). Die Insekten ernähren sich vom Herz der Zwiebel, das Zerstörung und Fäulnis verursacht. Eine gängige Vorbeugungsmaßnahme ist die Behandlung der Zwiebeln mit Gesteinsmehl. Bei Befall verschafft nur die Entfernung der kranken Pflanzen Abhilfe.

Die Braunfleckigkeit

Wenn der März sehr verregnet ist, wächst die Gefahr, dass Pflanzen von Pilz-krankheiten wie der Braunfleckigkeit (*Venturia* spp.) befallen werden. Die Krank-heit entsteht, wenn die Blätter bei 20 °C drei bis vier Stunden regelrecht gebadet werden. Bis die Krankheit sichtbar wird, kann es je nach Temperatur 8 bis 14 Tage dauern. Sie verursacht große Flecken an der Blattunterseite, die von einem schimmligen Grau begleitet werden. Unterbindet man dies nicht sofort, verbrei-tet sich der Pilz schnell und dehnt sich auf die jungen Blätter aus. Er verhindert das Wachstum, führt zu Missbildungen an den Früchten und lässt sie schließlich verfaulen. Er befällt viele Pflanzen, besonders betroffen sind Rosen, Kirschen, Äpfel, Nüsse, Mispeln und Birnen. Zur direkten Bekämpfung verwendet man Kupferoxychlorid, das man regelmäßig von der ersten Blüte bis zur Ernte spritzt. In der Zeit der Hochblüte sollte man das Spritzen jedoch unterbrechen, um die Fruchtbildung nicht zu beeinträchtigen. Danach setzt man das Spritzen bis zur vollen Reife der Früchte fort. Bei Trockenheit verringert man die Intensität der Behandlung.

April

Abnehmender Mond

	Blumengarten	Gemüsegarten	Obstgarten
Aussaat		**im Glashaus:** Sommer-Endivie; **im Freien:** Kochsalat, Sellerie, rote Zwiebeln, Schnittsalat, Schnitt-Radicchio, Spinat, Mangold	
Schnitt	Rosen; Hecken; Auslichten der Topfpflanzen		Schösslinge vom Himbeerstrauch schneiden
Veredelung			Der Schnitt beim Quittenapfel wird abgeschlossen; Beschneiden von Steinobst und Reben; Aufbewahren der Pfropfreiser vom Kernobst
Arbeiten	Topfpflanzen werden akklimatisiert; Topfpflanzen umpflanzen oder Erde nachfüllen; Geranien umtopfen, Wurzeln und oberirdische Teile schneiden; Garten vorbereiten (umgraben)	Umgraben und Hacken; Kartoffeln häufeln, Rankhilfen für Erbsen errichten; Düngen und Hacken bei Spargel; mit Gartendünger behandeln, um das Wachstum anzuregen; Blattläuse bekämpfen	Das Düngen des Obstgartens wird fortgesetzt

☽☺ Zunehmender Mond

	Blumengarten	Gemüsegarten	Obstgarten
Aussaat	**im Glashaus:** Fuchsschwanz, Astern, Gartenbalsaminen, Zinnien, Glockenblumen	**im Glashaus:** Melonen, Kürbisse, Zucchini; **im Freien:** Kartoffeln legen	
Pflanzen und Umpflanzen	**im Glashaus:** Feld- und Wiesenblumen; mehrjährige Pflanzen, Geranien, Levkojen, Primeln, Chrysanthemen-Stecklinge, Knollen und Wurzelstöcke von Pflanzen, die im Sommer/Herbst blühen; Immergrün; **Vorkeimen:** Dahlien, Canna, Knollen von Pflanzen, die im Sommer blühen	**im Glashaus:** Gurken, Auberginen, Paprika, Tomaten, Zucchini	Die jungen Reben werden ins Freie gesetzt
Vermehrung	Setzlinge zur Wurzelkeimung von alten Chrysanthemen sowie Wurzelbündel der Dahlie werden in Töpfe gesetzt		

Ernte

Auf geschützten Anbauflächen: Radieschen, Feldsalat, Rucola, Kresse

Das Indische Blumenrohr (Canna indica) liebt gedüngten und feuchten Boden.

Das Wiedererwachen der Natur schreitet voran. Die Pflanzen knospen und entfalten die ersten zarten Blätter, die Obstbäume erblühen, die Wiesen und Gärten leuchten in neuen Farben. Die Arbeit erlaubt nun keine Rast, nur Saat und Pflanzung müssen unterbrochen werden, wenn die Kälte kurzfristig wiederkehrt. Doch selbst wenn die warmen und sonnigen Tage an den Sommer denken lassen, darf man sich nicht täuschen. Denn die plötzlichen Wetterumschwünge, die Temperaturunterschiede zwischen Tag und Nacht und die Regenperioden gefährden die Arbeit des Vormonats.

Arbeiten im Blumengarten

Im April schenkt man dem Rasen viel Aufmerksamkeit. Wenn er die Farbe wechselt, zeigt das die Wachstumsphase an. Aber nun zeigen sich auch immer mehr „Löcher", in denen nichts wachsen will. Wer beabsichtigt, in diesen Löchern neues Gras zu säen oder überhaupt gleich einen neuen Rasen anzulegen, sollte damit warten, bis sich die Temperaturen bei rund 15 °C eingependelt haben und eine mäßige Luftfeuchtigkeit herrscht. Als Erstes ebnet man den Boden oder harkt ihn. Denn wenn sich der Boden mit der Zeit senkt, stellt sich heraus, dass er durch Staunässe erstickt. Bevor der Boden geebnet wird, muss der Rasen gemäht werden. Damit die vorangegangene Mühe nicht vergebens war, betritt man den Rasen beim Einebnen nicht, sondern bedient sich aufgelegter Bretter. Gesät wird in weitem Bogen, damit sich die Samen gleichmäßig verteilen. In den meisten Fällen ist es nicht notwendig, das Saatgut einzuwalzen. Denn dadurch kann der Boden in der bevorstehenden warmen und trockenen Zeit zu kompakt und fest werden. Wenn die Wiesenfläche nicht zu groß ist, reicht es, das Saatgut mit der Schaufel festzuklopfen. Man kann auch eine Folie auflegen, die konstante Temperaturen und Schutz vor Tieren gewährt.

Im Handel gibt es verschiedene Samenmischungen, die sich optimal entfalten: Rispengras, Schwingel (hohes Rispengras) oder Straußgras. Straußgras eignet sich ausgezeichnet für einen Rasenteppich, weil es – neben seiner Gleichmäßigkeit – „Misshandlungen" durch ständige Beanspruchung gut verträgt. Rispengras ist wahrscheinlich jene Grassorte, die sich am besten für Wiesen eignet. Es hat nämlich

Vergissmein-nicht (Myoso-tis sp.) sind mehrjährige, aber nicht besonders langlebige Pflanzen.

beachtliche Eigenschaften: Es passt sich an verschiedene Klima- und Bodeneigenschaften an, hat die Fähigkeit, sich leicht über seine Rhizome auszubreiten und verfügt über robuste Halme.

Wenn der Monat warm ist, sind die Pflanzen, die den März im Glashaus verbracht haben, jetzt bereit, um gelichtet oder versetzt zu werden. Bei diesem Vorhaben ist es wichtig, dass man weiß, wie groß die Pflanze wird und ihr genügend Platz zu ihrer Entfaltung einräumt. Es ist besser, für eine gut entwickelte Pflanze zwei oder drei weniger schöne zu opfern.

Sollte das im Herbst nicht geschehen sein, kann man jetzt immer noch Primeln, Veilchen, Levkojen und Vergissmeinnicht pflanzen, die – wenn der Sommer vor der Tür steht – ein hübsches Blütenarrangement abgeben.

Wenn der Boden umgegraben und mit Torf und reifem Kompost gedüngt worden ist, werden Ende April Knollen und Wurzelstöcke von Sommer- und Herbstblüten ins Freie gepflanzt: Dahlien, Spanisches Rohr, Buschwindröschen, Iris, Lilien, Zyklamen, Hahnenfuß u. a. Wichtig ist, dass die Knollen und Wurzelstöcke vor dem Auspflanzen vorgekeimt sind. Das erreicht man,

wenn sie an einem hellen, windgeschützten Ort gesetzt werden.

Auch die Hecken (Steineiche, Kirschlorbeer, Lorbeer u. a.) nehmen im April wieder ihre volle Aktivität auf, was die beste Zeit für ihren Schnitt ist. Damit sie unten schön dicht werden, schneidet man die neuen Triebe an der Oberseite der Hecke. Das Gleiche gilt für Bäume. Um ihnen allerdings nicht die Kraft für das Wachstum der Krone zu nehmen, schneidet man die Seitentriebe entlang des Stammes und an seinem unteren Ende.

Wenn das Wetter gegen Ende April nicht mehr zu kühl ist, kann man die Dahlien aus dem Glashaus nehmen. Man stutzt Wurzeln und Äste radikal zurück, tauscht die Erde gegen frische Komposterde und topft sie in saubere Gefäße um.

Andere Balkonpflanzen werden akklimatisiert, bevor man sie im Mai endgültig ins Freie stellt. In der Zwischenzeit werden sie, wenn notwendig, umgetopft, ausgelichtet, in Form geschnitten und schließlich füllt man frische Erde in die Töpfe nach.

Eine wichtige Arbeit, die im April erledigt wird, ist das Vermehren durch Ableger und Absenken. Ersteres stellt eine Vermehrung durch Teilung dar (d. h. sie wird mittels bestimmter Pflanzenteile vorgenommen) und wird vom Menschen durchgeführt, während Pflanzen es von sich aus tun. Ein wichtiger Hinweis: Damit sie gut gelingt, sollte man die Vermehrung – wie das Säen und das Umpflanzen auch – nur bei abnehmendem Mond vornehmen.

Arbeiten im Gemüsegarten

Im April werden die Tage immer wärmer. Daher sollte man Folientunnel und Glashäuser auch während der Nacht belüften. An sonnigen Tagen kann in geschlossenen Folientunnel beträchtliche Wärme entstehen, sogar mehr als 30 °C, worunter die Pflanzen leiden. Außerdem verhindert man, wenn alles geschlossen ist, dass nützliche Insekten (Schmetterlinge, Bienen usw.) anfliegen, die im Frühling und Sommer die Bestäubung vornehmen.

Darüber hinaus sei daran erinnert, dass man mit Wasser, das etwa die Umgebungstemperatur hat, gießt. Damit die Pflanzen bei steigenden Temperaturen nicht „gekocht" werden und um die Ausbreitung von Pilzkrankheiten zu verhindern, darf man nicht zu viel gießen.

Bis zur Mitte des Monats kann man noch Melonen, Kürbisse, Zucchini, Sellerie und

frühreifende Artischocken an geschützten Anbauflächen aussäen.

Bei abnehmendem Mond und milden Temperaturen kann man Kopfkohl, Salat, Lauch, Endivien, Kochsalat, Sellerie, rote Zwiebeln, Schnittsalat und Schnitt-Radicchio, Spinat und Mangold säen oder pflanzen.

Auf geschützten Anbauflächen beginnt man mit der Ernte von Kresse, Radieschen, Feldsalat und Rucola, die im Glashaus ausgesät wurden.

Auch fährt man mit dem Umgraben und Düngen jener Beete fort, die bisher noch nicht benötigt wurden. Dabei werden

Umpflanzen mit Folie

Wenn man die Beete mit Stroh oder schwarzer Folie abdeckt, gelingt das Umpflanzen besser. Dazu muss man die Folie an den Stellen, wo die Pflänzchen eingesetzt werden sollen, mit einem Tapetenmesser kreuzförmig einige Zentimeter einschneiden. Dann sorgt man mit einem Pflanzholz für ein Loch, das groß genug ist, um die Pflanze samt dem Erdballen aufzunehmen. Dabei ist zu beachten, dass die Folienränder die Pflanze nicht berühren.

zunehmender Mond

Mittel gegen Springkäfer, „Herzwürmer" (Eulenfalter), Maulwurfsgrillen usw. mit eingebracht.

Außerdem sollte man Rankgestelle für Erbsen aufstellen. Ihre Höhe richtet sich nach der angebauten Sorte. Auch Drahtgestelle aus Zink für Tomaten, Auberginen und Paprika werden jetzt aufgebaut. An ihnen werden die Pflanzen im Zuge ihres Wachstums immer wieder neu festgebunden.

Tomatenpflanzen müssen ab einer gewissen Höhe an Rankgestellen festgebunden werden.

März und April:
Die Monate für die Veredelung

Die wichtigste Aufgabe im April ist die Veredelung von Obstbäumen. Diese wurde vom Menschen erdacht, um zwei individuelle Gewächse zusammenzufügen und so die Vorteile beider zu vereinen. Die Veredelung hat den Zweck, die Fruchtbarkeit der Bäume zu erhöhen. Im Grunde trägt immer eine sogenannte Unterlage, der „Wildling", den Edelreis, der verpfropft wird. Für gewöhnlich wird der Wildling nach seiner Robustheit ausgesucht. Hingegen erfolgt die Auswahl des Edelreises nach seiner Widerstandskraft gegen verschiedene Krankheiten, aber vor allem nach der Sorte, die man züchten will. Es gibt verschiedene Arten von Edelreisern, weil nicht alle Bäume gleich und zur gleichen Zeit veredelt werden. So werden z. B. Äpfel, Birnen und Quitten vorzugsweise durch Okulieren, Geißfußpfropfen oder durch Kopulieren (einfach oder doppelt) veredelt. Hingegen kann die Veredelung durch Rindenpfropfen nur bei sehr mildem Klima Ende April durchgeführt werden. Pfirsiche, Mandeln, Pflaumen und Aprikosen werden durch Rindenpfropfen veredelt, während die Mehrzahl der Kirschen besser gedeihen, wenn man sie durch doppeltes Kopulieren veredelt. Im Herbst kann man Aprikosen und Nektarinen durch Okulieren veredeln. Kiwis, Weinreben und Quitten dürfen nur gegen Ende April durch doppeltes Kopulieren veredelt werden.

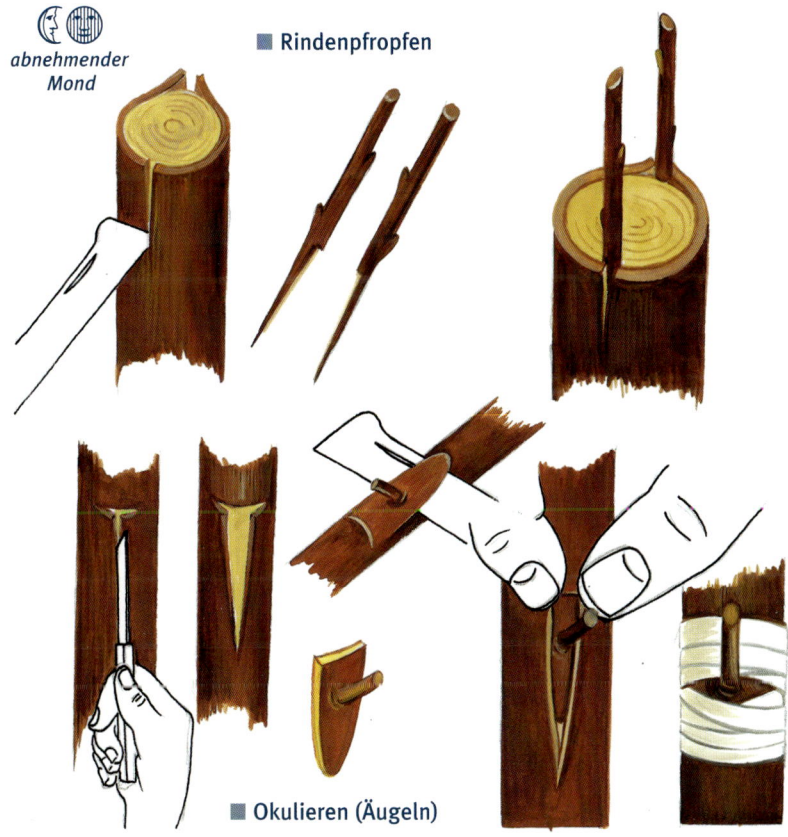

abnehmender Mond

■ **Rindenpfropfen**

■ **Okulieren (Äugeln)**

■ Geißfußpfropfen

abnehmender Mond

■ Einfaches und doppeltes Kopulieren

■ Veredelung von Fett- pflanzen (Sukkulenten)

Arbeiten im Obstgarten

Es gibt wenig zu tun, außer dem Beschneiden und dem Überprüfen der Rankstützen.

Jedenfalls sollte man jetzt den Rasen und die Wiese mähen, weil deren Pflanzendecke die Erholung des Bodens einschränkt und verzögert, mit den Nutzpflanzen im Wettstreit um die Nährstoffe steht, das Gießen und Düngen behindert und den Ausgangspunkt für Pilzkrankheiten darstellt. Sollte der Boden um die Obstpflanzen nicht bewachsen sein, empfiehlt sich eine oberflächliche Behandlung (Lockern mit dem Rechen), um die Wurzeln nicht zu beschädigen.

Pflanzenpflege

Vom direkten Gießen der Pflanzen von oben – und das ist allgemeingültig – ist abzuraten. Das in den Blättern eingeschlossene Wasser kann nämlich zur Blattfäule führen. Besser ist es, die Beete über kleine Gräben zu bewässern, also durch seitliches Einsickern.

In diesem Monat ist der Befall mit Parasiten und Pilzen so heftig wie nie. Gegen Ende des Frühjahrs überfallen Blattläuse und daher auch Ameisen (die sich von dem von den Läusen ausgeschiedenen Honigtau ernähren) buchstäblich Balkone und Gärten. Wenn man jetzt unappetitliche Kolonnen quer über den Balkon laufen sieht oder die Knospen grün (manchmal auch schwarz) vor Blattläusen sind, ist es Zeit einzugreifen. Sonst waren alle Bemühungen um eine prächtige Entwicklung der Kulturen vergebens.

Ameisen bekämpft man mit natürlichen Mitteln: Kaffeesatz, Asche und Salz vertreibt sie (Letzteres darf natürlich nicht mit der Erde in Berührung kommen).

Sehr feuchte Rasenflächen bieten häufig beste Voraussetzungen für die Bildung von Moos (es bevorzugt Schatten, übersäuerten Boden oder Eisenmangel). Moos beeinträchtigt die normale Ausbildung des Grases, das deswegen immer spärlicher wächst und gelb wird. Um dem entgegenzuwirken, muss man den Boden mit in Wasser gelöstem Eisenvitriol spritzen. Damit verbunden ist aber noch eine Tätigkeit: Das Moos trocknet aus und wird schwarz. Nun lässt es sich leicht mit einer Harke entfernen. Das Gras gewinnt dann wieder eine schöne dunkelgrüne Färbung.

Der Dickmaulrüssler ist einer der hartnäckigsten Pflanzenschädlinge.

Auch der Dickmaulrüssler (*Otiorhynchus* sp.) richtet (wie die meisten Rüsselkäfer) während der warmen Jahreszeit große Schäden im Garten an. Im Herbst ernährt er sich dann hauptsächlich von Zimmerpflanzen. Diesen Käfer bekommt man nicht leicht zu Gesicht, weil er nur in der Nacht aus seinem Versteck kommt. Was er dann aber anrichtet, ist leicht wahrzunehmen: Alle Blattränder sind zerfressen. Mit Pestiziden ist er nur schwer zu bekämpfen, weil er sich im Inneren der Pflanze verbirgt, wo ihm das Gift nichts anhaben kann. Daher ist es besser, ihn mit natürlichen Mitteln zu bekämpfen. Man spritzt die Pflanzen wöchentlich mit einer vom Fachhandel empfohlenen Lösung.

Die Bekämpfung des Eulenfalters

In diesem Monat muss man auch auf den Eulenfalter achten, der Gemüse ebenso liebt wie Zierpflanzen. Der Eulenfalter (oder Herzwurm) hat seinen Namen daher, weil er ausschließlich während der Nacht aktiv ist. Man erkennt ihn an seiner gräulich braunen Farbe sowie an seiner Behaarung. Eulenfalter können sich je nach Spezies in Blätter einwickeln (Hausmutter) – seine bis zu 3 cm langen Larven attackieren den Wurzelhals –, Wurzeln und Knollen (Kiefern-Eulenfalter) oder Blüten und Blätter abfressen (Kohl-Eulenfalter). Man bekämpft ihn mit natürlichen Mitteln: Besprühen mit Pyrethrum, Tränken mit Thymian und Salbei und mit Wurmkraut. Zur Unterstützung sollte man danach den Boden gut durchhacken.

In diesem Monat sind Gemüse- und Zierpflanzen, in gewissem Ausmaß auch Obstpflanzen, nicht unbeträchtlichen Angriffen von Parasiten ausgesetzt. Vom ersten kleinen Blättchen bis zur Entfaltung der Blüten werden sie von Blattläusen, roten Brennern, Schildläusen und Motten heimgesucht. Nach der Fruchtbildung auch von Braunfleckigkeit und Mehltau.

Bei Olivenbäumen kann es notwendig sein, dass man gegen Blattflecken, sogenannte „Pfauenaugen" (*Cycloconium oleaginum*), vorgehen muss, ein Pilz, der die Blätter befällt. Er tritt anfänglich als runder Fleck von 0,5 bis 1 cm Durchmesser auf, der sich ausbreitet und das Blatt austrocknen und abfallen lässt. Die Pflanze wird mit 50%igem Kupferoxychlorid, verdünnt auf 5 %, behandelt. Man beginnt jetzt und fährt damit in einem Abstand von 20 bis 25 Tagen bis zur Fruchtreife fort.

Im April stehen viele Obstpflanzen in voller Blüte. Wenn eine Behandlung gegen Braunfleckigkeit notwendig geworden ist,

Ein von Peronospora zerstörtes Zwiebelblatt.

unterbricht man diese während der Blütezeit und setzt sie nach dem Abfallen der Blüten fort.

Peronospora, ein schädlicher Algenpilz, greift mit einiger Virulenz Weinreben, Tomaten, Paprika, Kartoffeln, Melonen, Gurken u. a. an. Auf der Blattunterseite zeigt sich typischer grau-violetter Schimmel. Wenn man nicht unverzüglich, sorgfältig und regelmäßig mit Kupferoxychlorid oder Kupferkalkbrühe gegen den Pilz vorgeht, springt er auf die Früchte über.

Cycloconium oleaginum ist ein für Olivenbäume gefährlicher Pilz. Den Befall erkennt man an den „Pfauenaugen".

Dort verursacht er unregelmäßige braune Flecken, die sich ausgehend von einem kleinen Punkt auf der gesamten Oberfläche ausbreiten. Für Tomaten ist Peronospora sehr gefährlich, ihre Früchte werden nicht reif, verhärten und fallen ab. Noch schlimmer ist es beim Wein, weil der Pilz die gesamte Ernte vernichtet.

Tipp: Um einen Anhaltspunkt für den Behandlungsbeginn bei Reben zu haben, gibt es die Drei-Zehner-Regel: 10 cm Entwicklung der Zweige, 10 mm Regen, 10 °C Temperatur. Das sind die idealen Bedingungen für die Entwicklung von Peronospora und daher wird der Eingriff notwendig. Bei normaler Luftfeuchtigkeit wird bis Ende Juli alle acht bis zehn Tage gespritzt. Bei Trockenheit werden die Abstände logischerweise länger.

Mai

☾◉ Abnehmender Mond

	Blumengarten	Gemüsegarten	Obstgarten
Aussaat		**im Freien:** Schnitt-salat, Schnitt-Radic-chio, Spinat, Mangold, Kohl, Sellerie, Endi-vien, Salat, Lauch, Schalotten	
Schnitt	Stutzen von mehr-jährigen Pflanzen; Verjüngen und Zurechtstutzen von blühenden Bäumen und Sträuchern; über-zählige Rosenknos-pen entfernen, Chry-santhemen stutzen	Wassermelonen; die Geiztriebe der Tomate entfernen	Sommerschnitt (Pinzieren) bei Stein-obst, Schösslinge von Kiwi entfernen
Veredelung			Äpfel, Birnen
Arbeiten	Geranien in Töpfen und andere Topf-pflanzen werden ins Freie gebracht	Tomaten, Auberginen, Paprika, Bohnen, Erbsen, Kartoffeln häufeln; Erdbeeren abdecken; Stützen aller Pflanzen, die es nötig haben	

Ernte

Im Obstgarten: Erdbeeren, Kirschen; **im Gemüsegarten:** Spargel, Kopfkohl, Kresse, Schnittlauch, Rucola, Petersilie, Radieschen, Spinat; **auf geschützten Anbauflächen:** grüne Bohnen, Kopfsalat, Tomaten

☽ ☺ Zunehmender Mond

	Blumengarten	Gemüsegarten	Obstgarten
Aussaat	**im Freien:** Nelken, Primeln, Glockenblumen, Fingerhut, Vergissmeinnicht, Kornblumen, Kalifornischer Mohn, Levkojen	**im Freien:** Sauerampfer, Dill, Kohl, Koriander, Kopfsalat, Brunnenkresse, Auberginen, Sommerendivie, Paprika, Peperoni, Rucola, Gurken, Melonen, Tomaten, Radieschen, Kürbisse, Artischocken, Basilikum, Mangold, Karotten, Bohnen, Petersilie, Zucchini	
Pflanzen und Umpflanzen	**im Freien:** Nelken, Primeln, Glockenblumen, Fingerhut, Vergissmeinnicht, Kornblumen, Kalifornischer Mohn, Levkojen	**Pflänzchen zusammen mit dem Erdballen:** Melonen, Gurken, Kürbisse, Zucchini, Endivien, Kochsalat, Auberginen, Paprika, Tomaten, Sellerie, Kopfkohl, Salat, Rosenkohl, Porree, Artischocken	Pflanzen der Heidelbeere
Vermehrung	**im Freien:** Setzlinge von Chrysanthemen und Dahlien		

Im Mai sind wir schon mitten im Frühling und die vielen blühenden Pflanzen bieten ein prächtiges Farbenspiel in den Gärten. Auch die Bäume erwachen und ihre Äste sind von dichtem Laubwerk überzogen. Milde Temperaturen lassen uns die Arbeit im Freien genießen und nun fällt auch die Ernte zufriedenstellender aus.

Arbeiten im Blumengarten

Der Mai ist auch die Zeit für Wiese und Rasen. Ihr Wachstum hält nun bis Juni an, denn in diesen Monaten ist es nicht zu heiß, was eine üppige Entwicklung von

Schwingel und Rispengras erlaubt. Dies bedeutet aber auch, dass die Pflege des Rasens zeitaufwändiger wird.

Nun muss man oft gießen, möglichst nach Sonnenuntergang. Dort, wo es schon recht warm wird, muss man regelmäßig bewässern. In jenen Regionen, wo es noch recht frühlingshaft ist, gießt man eher spärlich. Man kann an jenen Stellen, die noch nicht bewachsen sind, ein zweites Mal säen. Dabei ist es von Vorteil, wenn man die bereits gesäten Flächen mit Bändern eingrenzt, damit man sie nicht zertritt. Man muss jetzt auch häufig den Rasen mähen, nämlich etwa alle zehn Tage. Die Schnitthöhe des Rasenmähers stellt man auf 3 cm ein.

Im Mai widmen wir uns dem Säen und Setzen von Pflanzen, damit wir uns im Sommer über den blühenden Garten freuen können. Das Einzige, das wir beachten müssen, ist, dass wir diese Arbeiten bei zunehmendem Mond und in den späteren Stunden des Tages verrichten. So wird die Pflanze nicht unter Stress oder Hitze gesetzt. Nach dem Pflanzen muss natürlich ausgiebig gegossen werden.

Ins Freiland sät man jetzt Nelken, Primeln, Glockenblumen, Fingerhut, Vergissmeinnicht, Kornblumen, Kalifornischen Mohn, Portulak, Levkojen usw.
   Ins Freie werden nun auch einjährige und mehrjährige Arten, Feld- und Wiesenblumen, die im Sommer blühen, umgepflanzt oder gepflanzt: Petunien, Tagetes (Studentenblumen), Ziersalbei, rankende Glockenblumen, Gartenbalsaminen, Löwenmäulchen, Astern, Portulak, Nelken, Zinnien, Balkonblumen usw.
   Auch jene Knollen, die im Sommer blühen und in den vergangenen Monaten vorgekeimt haben, werden jetzt gepflanzt (z. B. Dahlien, Begonien, Gladiolen, Blumenrohr und Lilien). Lilienzwiebeln werden in ca. 40 cm Abstand zueinander gesetzt. Wenn sie jedoch in Töpfe kommen, sollten diese einen Durchmesser von mindestens 30 cm haben. Die Knollen der Dahlie sind eher groß und gebündelt und werden daher in großen Büschen zusammengestellt. Die Knollen, die den Winter über

Gladiolen (Gladiolus sp.) *werden im Mai gepflanzt.*

Studenten-blume (Tagetes sp.)

aufbewahrt wurden, werden nun in Gruppen geteilt, wobei man sich versichert, dass jede Einzelne eine Knospe – „Auge" genannt – hat. Dann kommen sie in gut entwässerte Erde.

Jetzt darf man das Zurückschneiden nicht vernachlässigen. Es schafft nicht nur Ordnung auf Balkonen und in Gärten, sondern stärkt auch die Pflanzen. Mehrjährige Pflanzen werden gedüngt, um dichteren Wuchs zu fördern. An Sträuchern, die im April zu blühen aufgehört haben, führt man nun den Sommerschnitt

(das Pinzieren) durch. Es dient der Verjüngung und Neuordnung der Krone. Alle jungen Zweige der Sommerrose, die aus den Wurzeln wachsen (Geiztriebe), werden entfernt. Die Erde unter der Krone muss immer aufgelockert werden (aufhacken), um Befall zu vermeiden und die Verdunstung einzuschränken. Damit Sträucher neue Blüten treiben, werden immer jene Zweige mit verwelkten Blüten und der Hauptstamm gestutzt, genau wie bei der Chrysantheme.

Balkonpflanzen, vor allem Geranien, müssen auf vertrocknete Blätter und verwelkte Blüten untersucht werden. Man gießt regelmäßig mit Wasser, das einen Tag gestanden hat.

Arbeiten im Gemüsegarten

Auch im Gemüsegarten wartet viel Arbeit und das Gemüse muss praktisch jeden Tag versorgt werden. In seiner Entwicklung braucht es immer mehr optimale Licht- und Klimabedingungen.

Die Arbeiten, die nun anstehen, sind vielfältig. Falls das nicht schon geschehen ist, müssen Tomaten-, Auberginen-, Paprika-,

Indisches Blumenrohr (Canna indica)

Die beste Bewässerungsmethode

Besonders wichtig in diesem Monat ist die Bewässerung, die praktisch täglich erfolgen muss. Die beste Methode ist die des seitlichen Einsickerns. Dabei sorgt man dafür, dass das Wasser in Furchen zwischen die aufgebundenen Pflanzen (besonders zwischen jene bodennahen, die man auf Erdanhäufungen gepflanzt hat) strömt. Ein anderes System ist die Verwendung von gelochter bzw. poröser Folie (im Fachhandel erhältlich), die längs der Beetreihen verlegt und fixiert wird. Mit dieser Methode vermeidet man übermäßige und ungleichmäßige Bewässerung und sorgt für eine ausgeglichene Bodenfeuchtigkeit. Die Verwendung der Folienstreifen – je nach Größe der Pflanzen – wird zum Bewässern von Tomaten, Paprika und Auberginen empfohlen.

Gemüse von oben zu berieseln, ist allerdings weniger ratsam. Wenn die oberirdischen Pflanzenteile für mehrere Stunden einem Wasserbad ausgesetzt sind, können Pilzkrankheiten begünstigt werden. Außerdem besteht die Gefahr, dass durch den sogenannten „Brennglaseffekt" Verbrennungen an den Blättern entstehen. Die beste Zeit für Bewässerungen sind die frühen Morgen- oder die späten Abendstunden.

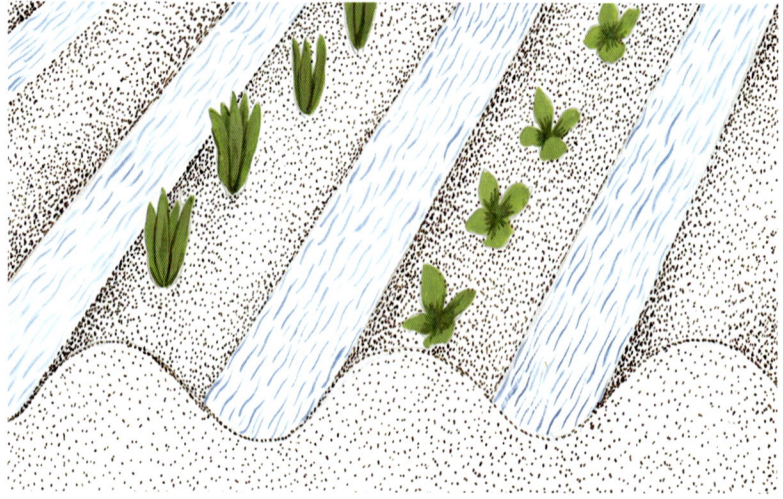

Erbsen-, Bohnen- und Kartoffelpflanzen gehäufelt werden. Noch wichtiger ist es allerdings, die Geiztriebe der Tomaten zu entfernen.

In Regionen, in denen der Frühling schon weit fortgeschritten ist, kann man sogar schon Spargel (jetzt sind die höchsten Erträge zu erzielen), Mangold, Kopfkohl, Gurken und gegen Ende des Monats auch Sauerampfer, Kresse, Karotten, weiße Zwiebeln, Schnittlauch, Erbsen, Petersilie, Radieschen, Rucola und Spinat ernten. Auf geschützten Anbauflächen gibt es auch schon grüne Bohnen, Salat, Auberginen, Tomaten und Zucchini.

Die Abnahme der Geiztriebe bei Tomaten

Je nach Sorte können Tomaten zwei Erscheinungsformen aufweisen: Die erste trifft man häufig in Gemüsegärten an. Sie ist einfach zu erkennen, weil sie sich aus einem einzigen Stamm entwickelt, der deshalb auch an einer Rankhilfe festgemacht wird. Die andere ist verzweigt und wächst mehr in die Breite als in die Höhe. Sie wird hauptsächlich für die Nahrungsmittelindustrie angebaut, weil die Pflanzen keine Stützen brauchen und die Tomaten leichter maschinell geerntet werden können.

abnehmender
Mond

Bei der einstämmigen Wuchsform entwickeln sich seitliche Triebe, die sich aus der Blattachsel teilen. Diese Geiztriebe nimmt man ab, weil – obwohl auch sie Früchte tragen – sie der Stammpflanze Konkurrenz machen. Entfernt man sie nicht, erhält man zwar mehr Tomaten, die aber viel kleiner sind. Außerdem wird die Pflanze insgesamt geschwächt.

Das Auslichten bei Obstgewächsen

Das Auslichten besteht aus der teilweisen Entfernung von Früchten, die das Gewächs ausbildet. Man wendet sie bei Kern- und Steinobst, ebenso bei Kiwis und Weinreben an. Bei Äpfeln und Birnen wählt man die kleineren Früchte und jene mit kurzem Stiel aus. Bei Kiwis nimmt man die befruchteten Früchte ab, die man teilweise an ihrer rundlichen Form erkennt. Bei Weintrauben fällt die Wahl auf jene, die am äußersten Ende des Astes wachsen. Im Allgemeinen entfernt man missgebildete, kranke und beschädigte Früchte.

abnehmender Mond

Unkrautjäten ist wichtig, damit den jungen Pflänzchen keine Nährstoffe entzogen werden.

Gegen Mitte des Monats kann man ins Freiland immer noch Sommergemüse wie Melonen, Gurken, Karotten, Tomaten, Radieschen, Rucola, Kürbisse und Zucchini aussäen. Zu Monatsbeginn, aber nur bei abnehmendem Mond, lassen sich in Glashäusern auch Kopfkohl, Sellerie, krause Endivie und Kopfsalat aussäen. Schnitt-Radicchio, Spinat (Sommersorten), Mangold und im Herbst/Winter erntereifen Lauch sät man ebenfalls im Freien aus.

Am Monatsanfang verpflanzt man vorgekeimte Pflanzen mitsamt den Erdballen: Melonen, Gurken, krause Endivie, Auberginen, Paprika, Pfefferschoten, Tomaten, Sellerie, Kürbisse und Zucchini; zur Monatsmitte: Kopfkohl (Sommer/Herbst-Sorten), Kopfsalat (Sommersorten) und Kochsalat.

Zum Anpflanzen sind schwarze Folien empfehlenswert. Im Handel erhält man Folien, die für die Pflanzung bereits vorgelocht sind. Wer befürchtet, die Folie beim Pflanzen zu zerreißen, findet bei diesen Folien schon vorbereitete Löcher im exakten Abstand für die Pflanzung. Sie haben den großen Vorteil, dass das Wachstum von Unkraut unter der Plane unterdrückt wird.

Auch das Unkraut wuchert nun gerne in den Gemüsegärten, da es jetzt beste Entwicklungsbedingungen vorfindet. Um den Gemüsegarten in Ordnung zu halten, bedarf es viel Zeit und Konsequenz. Unkraut wird von Hand gejätet. Dabei ist darauf zu achten, dass man das Gemüse (vor allem, wenn es noch klein ist) nicht beschädigt oder gar untergräbt, während man die Erde mit der Hacke bearbeitet. Hacken ist nur dann angebracht, wenn sich genug Platz zwischen den Beetreihen befindet. Das trifft auf die meisten Gemüsegärten im häuslichen Bereich natürlich nicht zu. Deshalb verwendet man besser schwarze Folie.

Arbeiten im Obstgarten

Obwohl der Mai nicht unbedingt ein heißer Monat ist, muss man die Pflanzen im Freien oft gießen, wenn es keine ergiebigen Regenfälle gibt. Egal, ob im Blumen-, Gemüse- oder Obstgarten, man gießt am besten am späten Nachmittag.

Auch der Boden will nun häufig bearbeitet werden. Wenn man sich für Rasen zwischen den Obstbäumen entschieden hat, soll alle 20 Tage das Gras gemäht werden. Ansonsten muss man nur dann etwas unternehmen, wenn die Erde beim Gießen nicht „aufquillt". Man entfernt das Unkraut und lockert die harte Kruste an der Erdoberfläche, die sich rund um die Pflanzen gebildet hat.

In der ersten Monatshälfte kann man noch die Veredelung durch Rindenpfropfen an Apfel- und Quittenbäumen vornehmen, die aus dem Einsetzen von Pfropfreisern (einjährige Zweige mit zwei Knospen) unter die Rinde der Unterlage besteht. Oft leiden die Zweige unter den in dieser Jahreszeit zahlreich auftretenden Gewittern und dem Wind. Man kann Bruchstellen aber zusammenfügen, mit kleinen Holzstücken stützen und mit Bast umwickeln.

Kastanienbäume werden jetzt durch Rindenpfropfen veredelt. Man verwendet dabei immer einjährige Pfropfreiser, die unter die Rinde der Unterlage gesteckt werden.

Das letzte Gewächs, das nun in den Obstgarten ge- oder verpflanzt wird, ist die Heidelbeere. Sie muss mit dem ganzen Erdballen gesetzt werden. Dabei ist zu bedenken, dass Heidelbeeren für Vögel sehr verlockend sind. Sie können die Früchte so weit abfressen, bis die Ernte ruiniert ist. Man sollte die Sträucher daher mit einem Hagelschutznetz absichern.

Ende des Monats kann man ohne Weiteres schon zum ersten Mal Kirschen und frühreifende Pfirsiche ernten.

Die wichtigsten Arbeiten, die sowohl Aufmerksamkeit als auch Zeit erfordern, sind der Sommerschnitt und das Auslichten. Der Sommerschnitt ist bei Pfirsich- und Nektarinenbäumen sowie bei Weinreben erforderlich. Bei anderen Obstbäumen wird er bei Bedarf vorgenommen. Man macht dies aus mehreren Gründen: Unter anderem um den früheren Baumschnitt zu korrigieren, um die Krone auszulichten, um Pflanzenschutzmittel auch in ihrem Inneren wirksam werden zu lassen und um überflüssige Zweige vom Stamm und den stärkeren Ästen zu entfernen.

Das Auslichten bei Obstgewächsen bedeutet, dass man teilweise Früchte abnimmt. Irrtümlicherweise wird diese Gartenbautechnik oft als überflüssig angesehen. Man wendet sie an, wenn die Früchte bei Kern- oder Steinobst Kirschengröße erreicht haben. Wird das Auslichten unterlassen, riskiert man, dass die Früchte insgesamt (Stückgröße) klein bleiben und ihre Reife verzögert wird. Das führt zu einem Qualitätsverlust beim Obst. Die Auswahl der abzunehmenden Früchte fällt auf missgebildete, kranke oder durch Hagel und Vögel beschädigte Früchte.

Im Mai kann man noch Pfropfarbeiten vornehmen.

Pflanzenpflege

Im gleichen Ausmaß wie die Natur nun zum Leben erwacht, werden im Mai auch Pilzkrankheiten und Parasitenbefälle zum Problem. Darum werden alle Zier- und Gemüsepflanzen untersucht, um Krankheiten frühzeitig zu erkennen und etwas dagegen zu unternehmen.

In dieser Jahreszeit treten häufig Schildläuse auf. Sie gehören zu jenen Insekten, die schwer zu bekämpfen sind, weil sie sich in manchen Entwicklungsstadien unter harten Schilden verstecken und so praktisch unangreifbar sind. Sie heften sich an die Blattunterseite, wo man sie nicht sieht, oder an den Stamm und saugen Pflanzensäfte. Sie verursachen den

Mehltau auf einem Apfelzweig.

nen, Radicchio, Anemonen, Geranien, Gerbera, Platanen, Eichen, Kirschlorbeeren, Apfel-, Birn- und Pfirsichbäumen sowie an Weinreben vorkommen. Die Bekämpfung dieser Pilzkrankheit ist schwierig und um den besten Effekt zu erzielen, muss man dabei regelmäßig und beständig vorgehen. Außer, dass man resistente Arten aussucht, sprüht oder gießt man mit Schwefel. Darüber hinaus soll stickstoffreicher Dünger vermieden werden.

Von der Roten oder Gelben Spinne war schon beim Monat Januar die Rede. Man findet sie aber auch in den Sommermonaten auf Zierpflanzen. Diese Milbe sucht

Verfall der Pflanze, indem sie eine zuckerhaltige Lösung absondern, die Fliegen und Ameisen anlockt. Die fügen der Pflanze insgesamt und den befallenen Teilen verschiedene Schäden zu. Sind Obstpflanzen befallen (zum Beispiel Kirschen und auch Pfirsiche), äußert sich die von Schildläusen herbeigeführte Krankheit in schmutzigen, klebrigen und minderwertigen Früchten. Bei geringem Befall entfernt man die Schildläuse händisch, beispielsweise mit einer weichen Reisbürste, wenn der Stamm betroffen ist. Man kann die befallenen Stellen auch mit Seife und Wasser waschen. Im Handel sind viele spezielle Mittel erhältlich, die man meist bei Zimmerpflanzen anwendet. Sie müssen aber mit Vorsicht benutzt werden: Ihre wiederholte Verwendung kann zum Abfallen der Blätter und zu bleibenden Flecken am Stamm von weniger behaarten Sukkulenten führen.

Eine andere häufige Krankheit ist der Mehltau. Dabei handelt es sich um eine Pilzkrankheit, die leicht an dem weißen, filzigen und mehligen Schimmel erkannt werden kann, der sich auf den grünen Pflanzenteilen, besonders auf Blättern, dem Stamm und den Knospen bildet. Diese Krankheit tritt sehr oft bei Rosen auf, kann aber auch an anderen Pflanzen wie z. B. Kürbissen, Zucchini, Melo-

Mehltau auf einem Gurkenblatt.

in dieser Jahreszeit jedoch auch manche Gemüsearten und Obstbäume heim, wo sie zuerst ein Vergilben der Blätter verursacht, die daraufhin abfallen. Überwiegend werden Mangold, Tomaten, Auberginen, Kürbisse und Melonen befallen. Vorbeugend bekämpft man sie mit einem handelsüblichen Mittel und Gesteinsmehl. Auch hier sollte das Düngen mit Stickstoff reduziert werden. Direkt bekämpft wird die Rote Spinne, indem man die befallenen Pflanzenteile vernichtet.

Schildläuse auf Fettpflanzen

Für Fettpflanzen (Sukkulenten) sind Schildläuse die vorwiegenden Schädlinge. Im Schutz ihrer Stacheln vermehren sie sich sogar noch stärker. Die beste Möglichkeit zur Bekämpfung der Schildläuse ist, die Pflanze in Öl zu tauchen, nicht zu viel zu gießen und die Erde vorsorglich mit Karton oder Plastik abzudecken. Der beste Zeitpunkt für eine Behandlung ist der späte Frühling, weil da der Nachwuchs dieser Insekten schlüpft. Es gibt eine noch heimtückischere Art von Läusen, weil sie sich den Blicken entzieht: die Wurzelläuse. Man bemerkt ihre Anwesenheit beim Umtopfen. Sie sehen wie wollige Flocken aus, die sich an den Teilen der Wurzeln festsetzen, die aus dem Erdballen schauen, beziehungsweise jene Wurzelteile, die die Topfwand berühren. Eine gute Methode, sie zu bekämpfen ist, sie sofort zu entfernen und die Pflanzen nacheinander in frische Erde umzutopfen.

Wollläuse auf einem Zweig eines Zitrusgewächses.

Schildläuse auf einem Sprössling.

Die schädlichen Blattläuse

Im Mai nimmt der Befall mit Blattläusen zu. Ihre Verbreitung kann Pflanzen großen Schaden zufügen, wenn sie nicht rechtzeitig gestoppt wird. Blattläuse sind gesellige Insekten von verschiedenen Farben – je nach Art –, die in Kolonien von Tausenden Einzeltieren leben. Sie befallen Zier-, Gemüse und Obstpflanzen ohne Unterschied. Die Kolonien sammeln sich hauptsächlich in der Nähe von Blüten, Blättern und Knospen, um Pflanzensäfte zu saugen. Dadurch rollen sich die Blätter ein und die Pflanze verkümmert. Blattläuse können außerdem über die Bissstellen auf den Blättern zahlreiche Viruserkrankungen übertragen. Sie sondern eine klebrige, zuckerhaltige Ausscheidung ab (Honigtau), auf der sich Pilzkrankheiten und Schimmel wie der Rußtau bilden. Die Vermehrung von Blattläusen wird durch übermäßiges Düngen und Feuchtigkeit begünstigt. Direkte Bekämpfung erfolgt durch Abwischen mit einem feuchten Tuch, Entfernung befallener Pflanzenteile und Besprühen mit Brennnesselsud. Dazu lässt man einen Tag lang 100 g Brennnesseln in einem Liter Wasser aufweichen. Bei schwerem Befall verwendet man Pyrethrum, das man bis wenige Tage vor der ersten Gemüseernte anwenden darf.

Juni

(☾⊕) Abnehmender Mond

	Blumengarten	Gemüsegarten	Obstgarten
Aussaat		**im Freien:** frühreifender und halb-frühreifender Radicchio, Zuckerhut, Kohl, krause Endivie, Salat	
Schnitt	Chrysanthemen stutzen, Bäume, Sträucher, Rankpflanzen und verblühte Rosensträucher stutzen	Melonen stutzen	Sommerschnitt (Pinzieren) bei Steinobst und Wein; Auslichten der Weintrauben; Pfropfreiser der Kastanie abnehmen
Ernte		Zwiebeln und Knollenfrüchte sowie alle Pflanzen, die haltbar gemacht werden sollen	Obst, das tiefgekühlt, in Alkohol eingelegt oder zu Marmelade und Gelee verarbeitet wird
Arbeiten	Ausgraben und Aufbewahren von verblühten Blumenzwiebeln; zwischen blühenden Pflanzen ausjäten, Strohschütte unter Bäumen und Sträuchern	grüne Bohnen, Kartoffeln, Tomaten, Paprika, Auberginen und Erbsen häufeln; Strohschütte; Rankhilfen aufstellen	

☽ ☺ Zunehmender Mond

	Blumengarten	Gemüsegarten	Obstgarten
Aussaat	**im Freien:** Nelken, Primeln, Glockenblumen, roter Eibisch, Fingerhut, Vergissmeinnicht, Levkojen	**im Freien:** Blumenkohl; Artischocken, Bohnen, grüne Bohnen, Buschbohnen, Basilikum, Karotten, Petersilie	
Pflanzen und Umpflanzen	Geranien ins Freie; einjährige und mehrjährige Pflanzen umsetzen; Auslichten und Umpflanzen von verblühten Wurzelstockpflanzen	**im Freien:** Tomaten, Kopfkohl (Sommer/Herbstsorten), krause Endivie, Porree, Salat, Kochsalat, Sellerie, Zucchini	
Vermehrung	Holzstämmige Arten werden durch Absenken vermehrt	**durch Setzlinge:** Salbei und Rosmarin; **durch Ausläufer:** Erdbeeren	
Ernte		Gewürz- und Heilkräuter zum Trocknen	

Ernte

Im Obstgarten: Pfirsiche, Kirschen, Erdbeeren, Himbeeren, Heidelberen und Johannisbeeren; **im Gemüsegarten:** Gurken, Knoblauch, Basilikum, Mangold, Karotten, weiße Zwiebeln, Kresse, krause Endıvıe, Kopfsalat, Erbsen, Petersilie, Schnitt-Radicchio, Sellerie, Zucchini, grüne Bohnen, Kartoffeln; **auf geschützten Anbauflächen:** Melonen, Gurken, Auberginen, Paprika und Tomaten

Pelargonien sind in Gärten, auf Balkonen und Freitreppen beliebte Zierpflanzen.

Nun haben wir Sommerbeginn und die Natur ist zu neuen Farben erwacht. Das Wachstum der Pflanzen hängt vom Klima ab, aber unsere ständige Anwesenheit ist unbedingt erforderlich, um gute Fortschritte zu erzielen.

Arbeiten im Blumengarten

Mit Beginn der warmen Jahreszeit muss der Rasen auf eine Höhe von 2 bis 3 cm gemäht werden, wobei man darauf achten soll, dass das Erdreich nicht in Mitleidenschaft gezogen wird. Wenn sich auf dem Rasen Flecken mit vertrockneten Pflanzen befinden, kann man diese durch Verlegen von Grasmatten beseitigen. Dies geht folgendermaßen: Wenn die kranken Stellen entfernt sind, gräbt man die Erde um und düngt ausreichend. Darauf legt man die Grasmatten, die man entweder gekauft oder in einem anderen Teil des Gartens ausgestochen hat. Dazu nimmt man eine Schaufel und gräbt mindestens 7 cm tief, um wirklich alle Wurzeln mitzunehmen. Man kann die entnommenen Stücke auch seitlich verlegen. Damit sich der Wurzelapparat gut entwickeln kann, sollte man einige Male mit der Walze

arbeiten und jeden Abend ausreichend bewässern.

Die warmen und trockenen Monate enden unwillkürlich in der täglich wiederkehrenden Prozedur des Gießens. Die besten Stunden sind dafür morgens zwischen 6 und 8 Uhr und abends zwischen 18 und 22 Uhr. Dafür sprechen verschiedene Gründe: In den wärmsten Stunden des Tages lässt die Sonne das Wasser

Im Juni kann man mehrjährige Pflanzen wie Nelke, Primel, Glockenblume, Fingerhut, Vergissmeinnicht, Levkoje und Eibisch (Bild) im Freien ansäen.

Wie man Zwiebeln aufbewahrt

Blumenzwiebeln von verblühten Pflanzen müssen ausgegraben, gewaschen und vorsichtig abgebürstet werden. Dann kommen sie in einen gut durchlüfteten, trockenen Raum, wo sie in einem Netz oder Sack überwintern.

verdunsten und unsere Arbeit war somit vergebens. Vereinzelte Wassertropfen verursachen den sogenannten ,,Brennglaseffekt'', der Verbrennungen und Blattkrankheiten hervorruft; während der bevorzugten Bewässerungszeit ähnelt die Temperatur des Gießwassers jener der Erde und der Pflanzen und so wird ein Temperaturschock vermieden. Außerdem ist zu empfehlen, das Gießwasser einen Tag lang stehen zu lassen, weil es dann nicht zu kalt ist, sondern die Umgebungstemperatur angenommen hat und sich darüber hinaus der Kalk abgelagert hat.

Um Wasser zu entkalken, kann man sich kleiner Tricks bedienen. So mischt man beispielsweise Torf in den Wasserbehälter, der über Nacht den Kalk im Gießwasser neutralisiert. Ideal ist jedoch immer noch Regenwasser. Man sammelt es in einem

Eine blühende Tulpe.

Rankender Philodendron (Philodendron scandens)

die Wurzelbildung bei jenen Holzgewächsen, die man aus Setzlingen, Ablegern oder Absenkern in den vorangegangenen Monaten gezogen hat.

Damit der Garten und der Balkon im Herbst immer noch blühen, sollte man nun einjährige und mehrjährige im Herbst blühende Pflanzen versetzen.

Pflanzenknollen, wie die von Narzissen und Tulpen, die ihre Blüte abgeschlossen haben, müssen aus der Erde genommen, gewaschen, leicht gebürstet und an einem trockenen Ort aufbewahrt werden.

Auch wenn in diesem Monat alles in Blüte steht, darf man nicht das Zurückstutzen vergessen. So z. B. bei Chrysanthemen, deren Stamm zur Hervorbringung neuer Blüten immer geschnitten werden soll, oder bei Rosen, bei denen man manche Knospen entfernt, um langstielige Rosen zum Schneiden zu bekommen. Es ist auch angebracht, verblühte Sträucher und Kletterpflanzen zu beschneiden, um ihre Blüte im nächsten Jahr zu begünstigen.

Die schöne Jahreszeit fördert nicht nur die blühenden Pflanzen, sondern auch das Unkraut. Darum sollte man rund um alle Blütenpflanzen im Beet und am Rande des Gartens den Boden lockern (hacken), um ihr Wachstum und ihre Versorgung mit Sauerstoff sicherzustellen. Unkraut lässt sich am besten durch Strohschütte vermeiden oder wenn man Rindenstücke unter Bäume und Sträucher streut. Auf diese Weise wird die Erde auch vor Hitze geschützt und die Verdunstung des Wassers vermieden.

Um Zimmerpflanzen, die die Frühlings- und Sommermonate in geschlossenen Räumen verbringen, einen Energieschub zu verleihen, bringt man sie ins Freie unter den Schatten von Bäumen oder Sträuchern. Und zwar so, dass die direkten Sonnenstrahlen ihren Blättern nicht schaden können. Wobei hervorzuheben ist, dass Zimmerpflanzen im Freien dazu neigen, unter kaltem Wind einzugehen. Bis zu ihrem Verblühen muss man sie daher täglich gießen.

Behälter im Garten. Auf diese Weise ist es immer verfügbar, auch wenn in heißen Sommern das Leitungswasser nur beschränkt verfügbar ist. Darüber hinaus kostet es nichts, ist nicht kalkhaltig und hat praktisch immer Umgebungstemperatur.

Hat man dies bisher noch nicht erledigt, kann man immer noch Geranien in Töpfen ins Freie verpflanzen. Damit sie Blüten treiben, sollten Geranien gegen Süden aufgestellt werden, sodass sie während der Tagesstunden der Sonne ausgesetzt sind. Dies sollte beim Aus- oder Umpflanzen bedacht werden. Bei günstiger Witterung kann man nun Ableger abnehmen und so neue Pflanzen ziehen, die in den nachfolgenden Monaten blühen.

Die warmen Temperaturen (wenn es nicht zu trocken ist) dieses Monats begünstigen

Rankhilfen und Stützen

Tomaten, Erbsen, Paprika, Gurken und andere Gartenpflanzen wachsen so schnell, dass man sie an eine Stütze binden soll, damit sie sich gut entwickeln können. Außerdem halten sie dann dem Wind besser stand. Erbsen und Gurken schützt man mit großmaschigen Netzen, deren Größe man nach Bedarf wählt. Die Netze werden an Stangen befestigt, die man in den Boden schlägt. Paprika und Auberginen werden an einzelne Stützen gebunden, hauptsächlich verwendet man Bambusstangen. Aber auch unbelaubte Äste eignen sich, sofern sie rund sind und keine scharfen Kanten aufweisen, damit die Pflanzenstiele nicht verletzt werden. Diese Stützen werden am besten schon vor dem Anpflanzen aufgestellt, um die Wurzeln der Pflanze nicht zu beschädigen. Bei Tomaten von verzweigter Wuchsform geht man folgendermaßen vor: An den Enden der Beetreihe steckt man Stangen tief in die Erde. Zwischen diese spannt man verzinkten Draht in Abständen von 30 bis 40 cm. Zwischen den Pflanzen werden weitere Pfosten aufgestellt und an den Draht gebunden. Mit runden Plastikbändern wird die Pflanze (mit fortschreitendem Wachstum immer wieder zusätzlich) an den Draht gebunden, wobei man die Bänder nicht zu fest zuschnüren darf. Die Plastikbänder sollten möglichst weich sein, damit sie die Pflanze nicht einschneiden. Ab sofort muss man regelmäßig kontrollieren, ob sich die Bänder einerseits gelockert haben oder andererseits den wachsenden Stamm der Pflanze „erwürgen". Wie tief man Stützen in den Boden steckt, hängt von den Pflanzen ab, die sie tragen sollen. Bei Zimmerpflanzen – zum Beispiel rankender Philodendron, *Ficus benjamina* (Birkenfeige) oder Gummibaum – versenkt man die Stützen etwa auf zwei Drittel der Topftiefe, bei Gemüsepflanzen zwischen 20 und 30 cm, bei jungen Obsthölzern und Sträuchern ca. 30 bis 40 cm tief. Manche mehrjährige Gartenpflanzen haben sehr dünne Stiele und müssen wegen ihrer Zartheit gestützt werden, vor allem wenn sie größer als 1 m werden. Um den Garten möglichst bunt zu gestalten, kann man die Pflanzen sehr dicht aneinander setzen und einen Plastikring um sie herum spannen. Die Ringe werden pro Stück an drei oder vier Stöcke gebunden. Diese Ringe stützen die wachsende Pflanze und bleiben unter ihren Blättern verborgen. Schließlich sei noch darauf hingewiesen, dass Stützen vom Vorjahr, die man wiederverwenden will, vor Gebrauch besser mit Kupfersulfat desinfiziert werden.

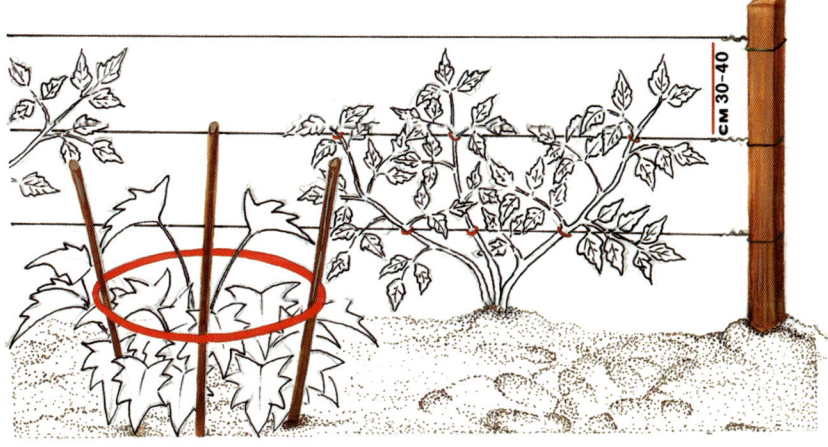

Auch Fettpflanzen, die nun zu blühen beginnen, müssen gegossen werden. Aber sparsam, besonders wenn sie den ganzen Tag lang der Sonne ausgesetzt sind.

Arbeiten im Gemüsegarten

Nach den vielfältigen Vorbereitungen in den vergangenen Monaten ist nun endlich die Zeit der ersten Ernte gekommen: Gurken, Basilikum, Mangold, Karotten (wenn man frühreifende Sorten gepflanzt hat), Zwiebeln, Kresse, krause Endivie (die man jetzt auch bleichen kann, wenn sie dicht wachsen), Kopf- und Schnittsalat (den man Ende des Monats zum letzten Mal erntet), Erbsen, Petersilie, Schnitt-Radicchio (den man auch gekocht essen kann), Rucola und Spinat.

Nach der Monatsmitte beginnt die Ernte von Zwiebeln (wenn sie gut gereift sind), grünen Bohnen, Kartoffeln, Sellerie und Zucchini. Auf geschützten Anbauflächen erntet man auch Gurken, Auberginen, Paprika, Tomaten und in der zweiten Monatshälfte auch Melonen.

Wenn man auch im späten Sommer bzw. in der Herbst/Winter-Saison gute Erträge erzielen möchte, muss man nun viele Gemüsesorten aussäen. So setzt man in Glashäusern mittel- bis frühreifende Herbstsorten von Blumenkohl, in den ersten zehn Tagen des Monats frühreifenden Radicchio, halb-frühreifenden Zuckerhut, frühreifenden Kopfkohl und Wirsing für die Sommer/Herbst-Ernte und spätreifenden für die Herbst/Winter-Ernte an; ebenso Porree, Kochsalat, Mangold, grüne Bohnen und rankende Bohnen, Buschbohnen, frühreifenden Fenchel, Petersilie und Zucchini, die im Herbst geerntet werden.

Für manche in geschützten Anbauflächen gezogenen Gemüsesorten ist es besser, sie im Halbschatten aufzustellen. Man verwendet Netze mit Maschen in unterschiedlicher Größe, die über die Pflanzen gelegt und seitlich festgemacht werden.

Wenn Gemüse ausreichend entwickelt ist, kann man es ins Freie setzen, so z. B. Artischocken (die in April und Mai angesät wurden), Sommer/Herbst-Sorten von Kopfkohl, krauser Endivie, Sommersorten

von Salat, spätreifende Tomaten, Porree, Kochsalat, Sellerie und Zucchini.

Mit zunehmender Wärme und Helligkeit erreichen Heil- und Gewürzkräuter ihre größte Wirksamkeit. Nun können Salbei und Rosmarin erfolgreich ungeschlecht- lich (vegetativ) durch Stecklinge vermehrt werden. In Regionen mit fortgeschrittener Jahreszeit und hohen Temperaturen ern- tet man nun Minze, Thymian, Melisse, La- vendel, Salbei, Majoran, Oregano und Estragon.

Bei günstiger Witterung kann man Erd- beeren durch Ausläufer vermehren. Wenn man das nicht möchte, müssen diese ab- geschnitten und entfernt werden.

Wie schon erwähnt, sollten alle Kulturen ab- gedeckt werden, damit sie nicht austrock- nen und das Unkraut unter Kontrolle bleibt.

Im Sommer wachsen alle Gemüsearten schnell und üppig. Dabei wird das Stützen der Pflanzen oft vernachlässigt oder zu spät durchgeführt, was ihr Wachstum und die Ernteerträge beeinträchtigt.

Arbeiten im Obstgarten

In diesem ersten wirklichen Sommermonat gibt es wenig zu tun, sieht man von der durchaus erfreulichen Tätigkeit des Ern- tens ab. Erdbeeren können weiterhin gepflückt werden, wenn sie im Folientun- nel gezogen wurden. Am besten geschieht dies in den frühen Morgenstunden. Man pflückt die Früchte, wenn sie schön rot sind, samt Kelch und Stängel. So vermei- det man die Bildung von Pilzen, wenn die Erdbeeren nicht sofort verbraucht wer- den. Erdbeeren müssen im Kühlschrank aufbewahrt werden.

Mitte Juni beginnt die Kirschernte. Auch frühreifende Sorten von Pfirsichen, Nek- tarinen, Aprikosen und Pflaumen kann man jetzt ernten. Die prächtige orange- rote Farbe mancher Früchte verleitet zur verfrühten Ernte, weil man denkt, sie wären reif. Im Handel erhältliche Stein- obstarten (Aprikosen, Nektarinen, Pfirsi- che, Pflaumen) sind oft von trügerisch schöner Farbe. Doch die Früchte dürfen

Wie man Gemüse konserviert

Zum Ernten verwendet man passende Geräte und achtet darauf, dass die Früchte keinen Schaden erleiden. Kartoffeln, Zwiebeln und Knoblauch werden einige Tage auf trockenem Boden der Sonne ausgesetzt und während der Nachtstunden wieder in die Erde gegeben. Dies dient dem Trocknen und Säubern der Früchte, die dann besonders lange haltbar bleiben. Kartoffeln und Zwiebeln kommen in einer Holzkiste an einen kühlen Platz, während Knoblauch (wenn man will, auch Zwiebeln) in Zöpfen aufbewahrt wird. Zöpfe flicht man aus den Stängeln, die daher nicht zu kurz geschnitten werden dürfen. Die Enden bindet man mit Schnur oder Bast zusammen und lässt ihn eher lang, um die Zöpfe daran aufzuhängen. Wenn man keine Zöpfe flechten möchte, kann man die Knollen auch zu Bündeln zusammenknüpfen und hängend aufbewahren. Auf diese Weise kann man Knoblauch und Zwiebeln für einen längeren Zeitraum haltbar machen. Scharfe Pfefferschoten, ob länglich oder rund, werden an ihren Stielen in einer Reihe zu einer Kette auf eine dünne Schnur gefädelt. So verbreiten die Schoten keinen schlechten Geruch, leuchten in kräftigem Rot und schmücken die Küche.

abnehmender
Mond

nur dann abgenommen werden, wenn sie den herben Geschmack verloren haben. Um dies festzustellen, muss man die Konsistenz des Fruchtfleisches prüfen und die Früchte kosten.

Früchte, die nicht sofort verzehrt werden, kann man einfrieren, zu Marmelade und Gelee verarbeiten oder in Alkohol einlegen.

Bei Tafeltrauben lichtet man die Trauben aus, weil eine zu große Produktion die Beeren schwächt. Auch die Triebe werden gestutzt, indem man jene kürzt, die Trauben tragen. Zur Unterstützung der Entwicklung der Trauben macht man das mindestens alle zwei Wochen, wenn die Triebe wieder zu wachsen beginnen.

Was man nun auch in Erwägung ziehen kann, sind Bewässerungsgräben rund um Pflanzen. Mit steigenden Temperaturen ist dies sogar sehr wichtig. Man formt einen Ring um die Stämme der Pflanzen, indem man etwas Erde weggräbt. So kann sich Gieß- oder Regenwasser sammeln.

In manchen Obstgärten kann man Bäume sehen, die vom Erdboden bis zu einer gewissen Höhe weiß gestrichen sind. Diese Farbe stammt von gewöhnlichem Kalk und dient dazu, Nager fernzuhalten (vor allem Hasen), welche die Baumstämme beschädigen. Vor dem weißen Hintergrund heben sie sich ab und haben keine Möglichkeit, sich zu tarnen. Daher meiden sie die Bäume.

Pflanzenpflege

Viele Insekten sind jetzt auf und unter der Erde aktiv, einige können schwere Schäden an den Pflanzen verursachen.

Die Maulwurfsgrille erkennt man leicht, obwohl sie unter der Erde lebt. Sie verrät sich durch die kleinen Erdhaufen, die sie beim Graben unterirdischer Gänge aufwirft. Sie ist ein großes Insekt, das auch die Wurzeln und Wurzelhälse anfrisst, weshalb viele Pflanzen eingehen. Überwiegend in der Nacht hält sich die Maul-

wurfsgrille gerne an der Oberfläche auf und sucht Erdflecken auf, die reich an organischen Stoffen sind. Man bekämpft sie mit Giftködern.

Bacillus thuringiensis ist ein industrielles Produkt auf der Basis von Pilzsporen, die von Bakterien gewonnen werden. Man unterscheidet zwei Sorten: *Bacillus thuringiensis* var. *kurstaki* und *Bacillus thuringiensis* var. *tenebrionis*. Beide gelangen über die Nahrungsaufnahme in den Verdauungstrakt der Larven, lähmen diesen und töten das Insekt. *Bacillus thuringiensis* ist für nützliche Insekten (das sind jene, die für

Maulwurfsgrille (Gryllotalpa gryllotalpa)

die Bestäubung verantwortlich sind wie beispielsweise Bienen) unschädlich, ebenso für Fische, Vögel und alle Kaltblüter. Das Mittel ist für Pflanzen ungiftig und kann bis wenige Tage vor der Ernte eingesetzt werden. Es wird durch Gießen unter den Pflanzen verteilt, wobei man eine bestimmte Menge nach Angaben des Herstellers in Wasser auflöst. Die Wirksamkeit von *Bacillus thuringiensis* ist auf eine Woche beschränkt, danach nimmt sie ab. Bei schwerem Befall behandelt man zwei Mal im Abstand von sieben bis zehn Tagen. Sollte es zwölf Stunden nach der Anwendung regnen oder kälter werden, muss die Behandlung wiederholt werden, weil Insektenlarven dann nichts fressen.

Ein Insekt, dem man mit *Bacillus thuringiensis* zu Leibe rückt, ist der Kartoffelkäfer. Er befällt hauptsächlich Kartoffeln, kann aber auch bei Auberginen, Paprika und Tomaten auftreten. Erwachsene Tiere erkennt man durch die zehn charakteristischen Längslinien auf ihrem gelben Rücken, während die Larven orangerot gefärbt sind und schwarze Punkte aufweisen. Sowohl ausgewachsene Kartoffelkäfer wie auch die Larven ernähren sich

Kartoffelkäfer
(Leptinotarsa
decemlineata)

von Blättern, die sie bis auf das Gerippe abfressen. Bei starkem Befall kann der gesamte Blattapparat zerstört werden. Zur Bekämpfung entfernt man die Käfer und verbrennt die verbleibenden Pflanzenteile. Die direkte Bekämpfung erfordert neben der Anwendung von *Bacillus thuringiensis* auch das Besprühen mit Kontaktgiften auf Pyrethrum-Basis.

Auch der Kohlweißling lässt sich mit *Bacillus thuringiensis* leicht unter Kontrolle bringen. Dabei handelt es sich um einen Schmetterling mit weißen, schwarzgepunkteten Flügeln. Er legt seine Eier im Inneren des Kohls ab und die geschlüpften Larven ernähren sich vom Kohlherzen ebenso wie von den äußeren Blättern. Dabei können sie die Blätter bis auf die Rippen abfressen. Außer mit *Bacillus thuringiensis* kann

man auch mit einem Absud von Wurmfarn behandeln oder die Pflanzen mit Seifenwasser besprühen.

Wurmfarn-Absud hat, dank der in der Pflanze enthaltenen Wirkstoffe, einen abstoßenden Effekt auf Falter wie Eulenfalter, Himbeerwurm oder den erwähnten Kohlweißling, aber auch auf Blattläuse und manche Milben. In der Vergangenheit hat man Wurmfarn oft geschnitten und in Büscheln in der Nähe von Obstgärten aufbewahrt, um Mäuse fernzuhalten. Den Absud stellt man aus drei Kilo frischen Pflanzen (oder 30 Gramm Essenz) auf 100 Liter Wasser her. Im Gegensatz zu Absud aus anderen Pflanzen sind zu hohe Dosen und häufige Anwendung nicht schädlich für die behandelten Gewächse.

Kohlweißling (Pieris brassicae)

Ernten und Aufbewahren von Heilkräutern

Damit Gewürz- und Heilkräuter besonders lange haltbar bleiben, werden sie getrocknet. Pflanzen, deren Blütenstand getrocknet wird (wie z. B. Oregano), pflückt man mit Stängeln von etwa 20 cm, wickelt sie wie Schnittblumen in Zeitungspapier und hängt sie kopfüber an einen gut durchlüfteten Ort, bis sie trocken sind. Dann kann man die Blüten leicht zerreiben und in Gläsern aufbewahren. Bei anderen Pflanzen (z. B. Estragon, Minze, Raute usw.) pflückt man die Blätter vor der Blüte und legt sie zum Trocknen auf ein Gitter, das in die Sonne kommt. Damit die Blätter schneller trocknen, werden sie öfter umgedreht und dann in Gläser gefüllt.

abnehmender Mond

Oregano, eine typische Pflanze des Mittelmeerraumes, die Licht und Trockenheit schätzt.

Juli

Abnehmender Mond

	Blumengarten	Gemüsegarten	Obstgarten
Aussaat		**im Freien:** Endivien, Salat, Porree, Radicchio, Kopfkohl (Herbstsorten oder frühreifende Sommersorten)	
Verpflanzen		**ins Freie:** Porree	
Schnitt	Verblühte Pflanzen werden zurückgeschnitten; rankende Rosen, die nicht wieder aufblühen, werden beschnitten; die Seitentriebe und überzähligen Knospen von Dahlien werden entfernt; Hecken, Strauchblumen und Sträucher werden gestutzt; blühende Sträucher und Bäume werden beschnitten	Gurken, Melonen stutzen, Geiztriebe bei Tomaten ausbrechen	Sommerschnitt (Pinzieren) bei Apfel- und Birnbäumen, um Seitenschösslinge zu entfernen; Sommerschnitt bei Kirsch-, Pfirsich- und Aprikosenbäumen sowie bei Johannisbeeren und anderen Obststräuchern
Veredelung			Okulieren von Steinobst und anderen Obstbäumen
Arbeiten	Die Erde für die Grassaat vorbereiten; Strohschütte bei Zwiebeln von im Sommer blühenden Pflanzen und einjährigen Blütenpflanzen	Strohschütte	Oberfläche des Bodens bearbeiten
Ernte		Zwiebel- und Knollenfrüchte, Knoblauch sowie alle Pflanzen, die haltbar gemacht werden sollen	Obst (nach Saison), das tiefgekühlt, in Alkohol eingelegt oder zu Marmelade und Gelee verarbeitet wird

☽☺ Zunehmender Mond

	Blumengarten	Gemüsegarten	Obstgarten
Aussaat	**mehrjährige Pflanzen;** Bartnelke, Primel, Vergissmeinnicht, Veilchen, Levkoje, Tausendschönchen	**im Freien**: Kresse, Radieschen, Bohnen und Buschbohnen, Zucchini, Mangold, Petersilie	
Pflanzen und Umpflanzen	**in Töpfe:** junge Chrysanthemen	**ins Freie:** Sellerie, Kohl, krause Endivie, Salat, frühreifender Radicchio	Beginn der Erdbeerpflanzung
Vermehrung	Blühende Sträucher und Kletterpflanzen werden durch Setzlinge vermehrt; Vermehrung durch Ausläufer und Absenken		
Ernte		Gewürz- und Heilkräuter zum Trocknen	

Ernte

Im Obstgarten: Äpfel, Birnen, Pfirsiche, Aprikosen, Pflaumen, Kirschen, Erdbeeren, Himbeeren, Heidelbeeren, Johannisbeeren und Brombeeren; **im Gemüsegarten:** Basilikum, Mangold, Artischocken, Kopfkohl, Gurken, Schnittlauch, rote Zwiebeln, Bohnen, grüne Bohnen, krause Endivie, Kochsalat, Salat, Auberginen, Melonen, Tomaten, Paprika, Petersilie, Schnitt-Radicchio, Sellerie, Zucchini

Die Instandhaltung von Blumen- und Gemüsegarten ist nun die wichtigste Arbeit. Pflanzen und Rasen benötigen jetzt viel Pflege, damit die sommerlichen Farben nicht durch Wildwuchs und Hitzeschäden zunichte gemacht werden.

Arbeiten im Blumengarten

Der Rasenteppich verlangt nun vorwiegend nach zwei Tätigkeiten: Mähen und Gießen. Die Bewässerung erfolgt in den kühleren Stunden des Tages. Auch ein regelmäßiges Mähen des Rasens ist erforderlich. Es wurde bereits davon gesprochen, dass man dazu den Rasenmäher am besten so einstellt, dass das Gras auf eine Höhe von 2,5 bis 3 cm zurückgeschnitten wird. Hat man seinerzeit eine hitzeliebende Sorte wie Quecke ausgesucht, wächst der Rasen zur Zeit besonders üppig, weil diese Grasart bei Hitze und Wassermangel besonders gut gedeiht. Wurde hingegen Rispengras oder Schwingel gesät, kann der Rasen Mangelerscheinungen aufweisen und erfordert deshalb einen speziellen Dünger.

Auch Hecken sollte man regelmäßig gießen, dasselbe gilt für viele Pflanzen, die wenig Erde haben; außerdem muss man sie zurückschneiden. Hecken stutzt man zurecht, um die gewünschte Form zu erhalten oder um zu vermeiden, dass sie sich übermäßig ausbreiten, nur außen grün sind und im Inneren dicke, dürre Äste zurückbleiben. Am besten reduziert man die Hecke auch in der Höhe ein wenig. Und zwar so, dass Licht leicht nach unten dringen kann. Dadurch wird vermieden, dass der Strauch im Inneren Blätter verliert. Die Hecke wird einige Zentimeter über den Stellen gestutzt, an denen der vorangegan-

gene Schnitt stattgefunden hat. Das Schwierige daran ist, den Schnitt schön rechteckig zu bekommen. Dazu nimmt man vier Stöcke zur Hilfe, die man an den Ecken der Hecke aufstellt. Dann bindet man eine Schnur darum, welche die Höhe bzw. Länge des vorzunehmenden Schnitts anzeigt. So kann es einem nicht passieren, dass man einmal zu viel und dann wieder zu wenig wegschneidet.

Im Juli werden mehrjährige Pflanzen gesät, in erster Linie zweijährige (Bartnelke, Primel, roter Eibisch, Fingerhut, Vergissmeinnicht, Levkoje, Tausendschönchen und Veilchen). Wegen der Wärme der Jahreszeit gießt man regelmäßig, aber vorsichtig, da ein scharfer Wasserstrahl die Samen freilegen kann.

Mit etwas Geduld ist es sogar möglich, Ananas in der Wohnung zu vermehren und zum Fruchtansetzen zu bringen. Man wählt eine frische Frucht, die noch die komplette Blätterkrone hat. Dieses Blattbüschel wird zusammen mit ca. 1 cm der Frucht abgeschnitten. Dieser Teil

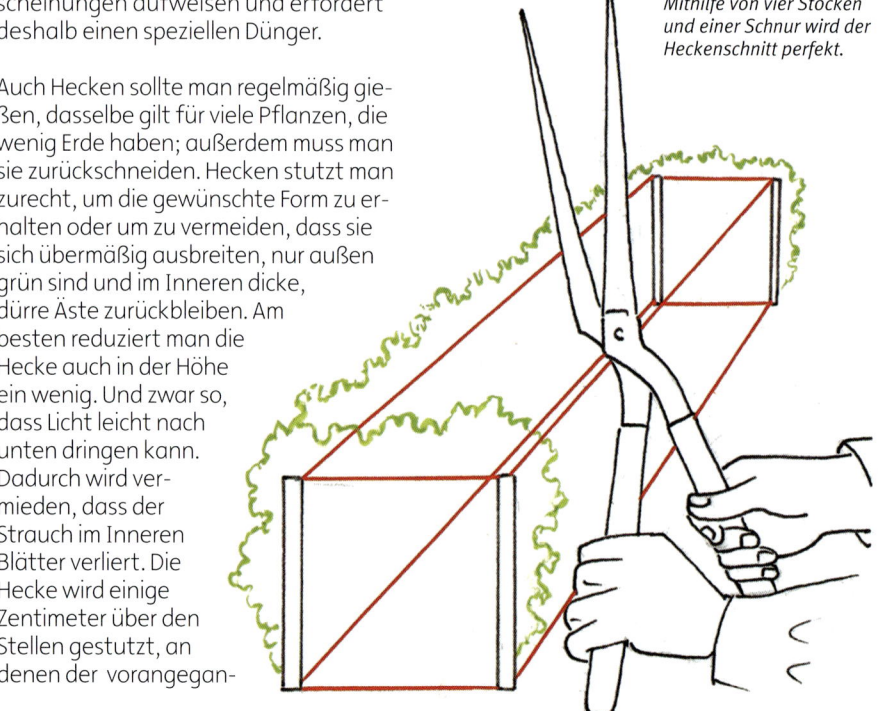

Mithilfe von vier Stöcken und einer Schnur wird der Heckenschnitt perfekt.

Vermehrung durch Absenken

Die warmen und sonnigen Tage erleichtern die Vermehrung durch Absenken. Es passiert, dass Pflanzen (z. B. Stechpalmen, Azaleen, Magnolien u. a.) sich in die Tiefe verästeln, wenn sie mit Erde in Berührung kommen. Um die Wurzelbildung anzuregen, kann man einen Ast mit einem verzinkten U-Haken am Boden fixieren und mit Erde bedecken.

zunehmender Mond

kommt in einen Topf, der mit einer Mischung aus halb Torf und halb Sand gefüllt ist. Das Blattbüschel muss aufrecht aus der Erde schauen, die Frucht wird eingegraben. Nun werden Erde und Blätter gegossen. Damit sie besser wurzelt, wird der Ananas ein durchsichtiger Plastiksack übergestülpt, in den man Luftlöcher sticht. Der Sack soll einen Bogen um das Blattbüschel bilden und die Pflanze nicht berühren. Hat sie einmal Wurzeln geschlagen, braucht die

Vermehrung einer Ananas.

Die Vermehrung von Papyrus

Man kann von Papyruspflanzen ganz einfach Ableger im Wasser ziehen. Dazu wählt man einen robusten Stängel und schneidet ihn etwa 10 cm unterhalb der Stelle, an der sich die Blätter öffnen, ab. Gut entwickelte Blätter werden mit einer Schere um rund die Hälfte ihrer Länge gekürzt. Dann stellt man die Stängel kopfüber in ein Gefäß mit Wasser, sodass sich die Blätter ein Stück weit unter der Wasseroberfläche befinden. Das Gefäß sollte an einem warmen Ort stehen und das Wasser alle fünf bis sechs Tage gewechselt werden. Nach zwei bis drei Wochen wachsen aus den Blattachseln neue Pflänzchen. Wenn jedes von ihnen drei bis vier Blätter hat, nimmt man sie vorsichtig von der Mutterpflanze ab und setzt sie in Erde ein.

Der Papyrus ist eine Pflanze, die sehr unter Wassermangel leiden. Zu trockene Töpfe stellt man daher für eine halbe Stunde in Plastikeimer, die mit Wasser gefüllt werden und lässt sie anschließend abtropfen.

zunehmender
Mond

Pflanze weniger als ein Jahr, um 30 bis 35 cm Höhe zu erreichen. Sie entwickelt einen Blütenstand in Form von Hunderten violetten Blüten. Die Ananas ist kein Baum, sondern eine mehrjährige Pflanze wie die Agave. Will man eine Frucht erzielen, belässt man den Blütenstand, muss sich aber bewusst sein, dass die Mutterpflanze nach der Fruchtbildung eingeht. Meistens befindet sich auf der Unterseite der Mutterpflanze ein Trieb, den man abnehmen und einsetzen kann. Will man die Fruchtbildung vermeiden, schneidet man den Blütenstand ab, bevor er auswächst. Die Pflanze wächst dann weiter. Die Frucht kann man dann ernten, wenn die Farbe der Schale von Grün zu Braun wechselt.

Bei großer Hitze sollten Zimmerpflanzen eher im Freien aufgestellt werden als im Haus. Der ideale Platz ist selbstverständlich im Schatten, da die Sonne sonst die Blätter verbrennt oder die Pflanze austrocknet. Stehen Zimmerpflanzen auf dem Balkon, müssen sie jeden Abend gegossen werden. Weniger häufig gießt man allerdings, wenn die Pflanzen unter großen Bäumen im Garten stehen, wo sie von der frischen Luft und der Feuchtigkeit profitieren. Wer für einige Tage verreist, sollte alle Pflanzen an ein Fenster stellen, wo sie genug Licht bekommen. Kennt man niemanden, der die Pflanzen gießt, sollte man die Töpfe in die Badewanne stellen, die einige Zentimeter hoch mit Wasser gefüllt ist. Um die Wanne nicht zu beschädigen, ist es ratsam, eine Plastikfolie unter die Töpfe zu legen.

Hortensien brauchen im Juli auch viel Wasser, weil sie sonst verwelken. Werden die Blüten immer wieder rosa oder blassviolett, obwohl man blaue Blüten möchte, gießt man mit Wasser, in dem Spinat oder Mangold gekocht wurde (selbstverständlich erst, nachdem es ausgekühlt ist). Andernfalls kann man dem Gießwasser auch Eisenvitriol beimengen.

Damit in diesem heißen Monat die Feuchtigkeit bei den Knollen von im Sommer blühenden Pflanzen (z. B. Lilien) und einjährigen Pflanzen (Begonien, Petunien, Tagetes, Zinnien u. a.) nicht verdunstet, sollte man sie mit Stroh, Rindenstücken oder Plastikfolie abdecken. Allerdings wirkt Letztere in einem Ziergarten nicht sonderlich dekorativ.

Wie schon im Frühling, kommt auch im Juli und August die Gartenschere oft zum Einsatz. Welke Blüten müssen abgeschnitten, trockene Zweige und Blätter – egal ob von einjährigen oder mehrjährigen Blütenpflanzen – entfernt werden. Gleichzeitig stutzt man noch nicht aufgeblühte Pflanzen ein wenig zurück, um die Blüte zu verlängern und dichte Büschel zu erhalten. Blühende Sträucher, Gardenien, Oleander und Hortensien werden etwas in Form gebracht und verblühte Blumen abgeschnitten.

Eine notwendige Arbeit, die Blumenfreunde nicht gerne ausführen, ist das Entknospen. Dabei werden bei Dahlien und Chrysanthemen die untergeordneten Sprösslinge und die Blütenknospen rund um die Hauptblüten entfernt. Auch überzählige Knospen werden abgenommen. Das hat den Sinn, dass man zwar weniger, dafür aber größere und stärkere Blüten erzielt.

Bäume und Sträucher, deren Blütezeit zu Ende ist, werden gestutzt, um die Krone wieder ins Gleichgewicht zu bringen. Auch rankende Rosensträucher, die nicht mehr blühen, werden beschnitten, und zwar unter dem ersten oder zweiten Blatt.

Arbeiten im Gemüsegarten

Gemüse wächst auch im Juli bei intensiver Sonnenbestrahlung und Hitze gut. Man muss die Pflanzen nicht vor den Sonnenstrahlen schützen, aber regelmäßig seitlich bewässern. Es wurde schon darauf hingewiesen, dass man das Gießkannenprinzip vermeiden soll, weil das Berieseln von oben viele Krankheiten durch Parasitenbefall hervorrufen und außerdem der „Brennglaseffekt" die Blätter beschädigen kann. Damit das Wasser gut genutzt wird, muss das Unkraut entfernt werden, sonst entzieht es dem Gemüse die Feuchtigkeit. Das erreicht man durch Abdecken mit schwarzer Folie, Stroh oder biologisch abbaubarem Karton. Eine weitere Möglichkeit ist, das Erdreich regelmäßig oberflächlich zu behacken.

In diesem Monat setzt man Gemüse ins Freie, das im Herbst/Winter geerntet wird. Bevor man sät oder pflanzt, wird gegossen, um den Boden anzufeuchten und den Samen und Pflanzen eine Entwicklung unter günstigen Bedingungen zu ermöglichen.

Ins Freiland werden den ganzen Monat lang Kresse, Radieschen, Mangold, Petersilie und Zucchini ausgesät; in der ersten Monatshälfte auch frühreifender Fenchel, Bohnen und Buschbohnen, frühreifender Mangold und früh-, mittel- und spätreifender Radicchio. Ebenso werden den ganzen Monat über Chicorée, krause Endivie, Sommer/Herbst-Sorten von Kopfsalat, Sommerendivie, Porree, Radicchio, Zuckerhut und Kochsalat gesät. Zu Beginn des Monats sät man Herbst/Winter- und frühreifende Herbstsorten von Kopfkohl, in der ersten Monatshälfte auch spätreifenden Radicchio.

Was in diesem Monat allerdings mehr Freude macht, ist das Ernten: Zwiebeln, Basilikum, Mangold, Artischocken, Kopfkohl, Gurken, Schnittlauch, rote Zwiebeln, Bohnen, krause Endivie, Sommerendivie, Kopfsalat, Melonen, Tomaten, Paprika, Petersilie, Schnitt-Radicchio, Kochsalat, Sellerie, Zucchini, Kartoffeln sowie Heil- und Gewürzkräuter zum Trocknen (Minze, Thymian, Melisse, Lavendel, Salbei, Majoran, Oregano u. a.).

Damit die Früchte größer werden, kann man den Stamm und die Seitenzweige von Melonen sowie Gurken stutzen. Das ist allerdings keine unbedingt erforderliche Arbeit. Hingegen ist das Ausbrechen der Geiztriebe bei Tomatenpflanzen notwendig.

In den Sommermonaten, aber besonders im Juli, wenn Obst- und Gemüsegärten in voller Frucht stehen, muss man der Abwehr einiger Vogelarten Aufmerksamkeit schenken. Amseln, Elstern, Krähen und Dohlen, aber auch Kohlmeisen, Spatzen und Buchfinken haben eine Vorliebe für Gemüse, Obst und zarte Zweige von Bäumen. Es sind jedoch sehr nützliche Vögel, weil sie auch die in Gemüsegärten lebenden Insekten fressen. Deshalb sollte man harmlose Methoden anwenden, um sie fernzuhalten: Über Obstbäume kann man beispielsweise Hagelnetze spannen. An den äußersten Zweigen von Bäumen und manchen Gemüsepflanzen bindet man Streifen aus Alufolie. Diese leuchten in der Sonne und bewegen sich im Wind. Man kann

auch „unsichtbare" Nylonschnüre spannen, die den Flug der Vögel behindern. Der alte Trick mit der Vogelscheuche zeigt heutzutage keine Wirkung mehr, ebenso wenig die grotesk aussehenden reflektierenden Katzenaugen. Die einzig effektive Art der Vogelscheuche ist wahrscheinlich die einer Kartonschablone mit den Umrissen eines Raubvogels. Wird sie vom Wind bewegt, scheint dieser „Raubvogel" zu fliegen.

Glitzernde Alufolie hält Vögel fern.

Arbeiten im Obstgarten

Hauptsächlich hat man es nun auch im Obstgarten mit der Ernte zu tun: Pfirsiche, Aprikosen, Pflaumen, Erdbeeren, Himbeeren, Heidelbeeren, Johannisbeeren, Brombeeren und einige Äpfel- und Birnensorten. Im Juli endet die Ernte von spätreifenden Kirschen, wie die Sauerkirschen.

Es kann vorkommen, dass bei Pfirsichen und Nektarinen einige rissige Früchte und gespaltene Kerne auftauchen. Das sind nur äußere Schäden, die Qualität der Früchte bleibt davon unbeeinflusst. Die Risse sind für einige Sorten typisch, können aber auch durch heftigen Regen oder übermäßiges Gießen nach längerer Trockenheit entstehen. Auch schnelles Wachstum sowie wiederkehrende günstige Temperaturerhöhungen können daran schuld sein.

Wie man bereits in den vergangenen Monaten gesehen hat, ist nach dem Abnehmen der Früchte dafür Sorge zu tragen, dass sie tiefgekühlt, in Alkohol eingelegt oder zu Marmelade und Gelee verarbeitet werden.

Man fährt mit der Bodenbearbeitung, dem Sommerschnitt und der Bewässerung fort, wie es schon früher mehrere Male geschildert wurde. Die Bodenbearbeitung führt man mit der Hacke aus, wenn der Garten nicht zu weitläufig ist. Man sollte nicht tiefer als 10 cm unter

die Erdoberfläche gehen, um keine Wurzeln zu beschädigen. Das Behacken des Bodens hat vorteilhafte Auswirkungen: Unkraut wird beseitigt und man verhindert, dass der Boden zu fest wird und die Wurzeln ersticken, weil sie nicht durchlüftet werden.

Man kann nicht oft genug auf die Wichtigkeit der Bewässerung hinweisen. Speziell die Stauden von Waldfrüchten müssen gegossen werden, weil sie mit ihren oberflächlichen Wurzeln sehr unter Trockenheit leiden. Dann produzieren sie weniger Früchte von schlechterer Qualität. Damit die Früchte reif werden, müssen

Jetzt ist Erdbeerzeit

Hat man vor, Erdbeeren zu pflanzen, wird zuerst der Boden vorbereitet. Man muss ihn tief umgraben und das gewendete Erdreich der günstigen Wirkung der Witterungseinflüsse ausgesetzt lassen. Danach glättet man den Boden wieder und legt nach Süden ausgerichtete Beete an. Gewöhnlich pflanzt man in Doppelreihen, die nicht breiter als 60 cm sein sollen. Entscheidet man sich für Einzelreihen, sind diese etwa 25 bis 30 cm breit. Von Beetmitte zu Beetmitte sollte der Abstand bei Doppelreihen 120 cm, bei Einzelreihen 80 cm betragen. Bevor man nun zu pflanzen beginnt, sollte man die Beete mit einer Plastikfolie abdecken, deren Vorteile schon mehrfach erwähnt wurden.

zunehmender
Mond

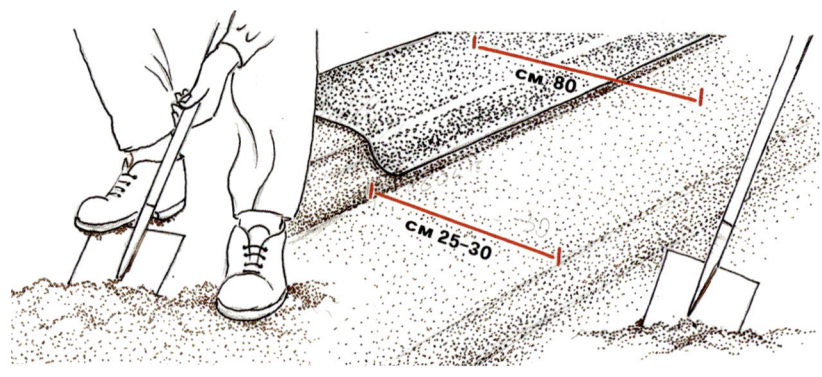

Fruchtpflanzen im Allgemeinen mit Feuchtigkeit versorgt werden. Bei Trockenheit verringert sich die Stückgröße der Früchte und sie reifen ungleichmäßig. Auch die Blütenbildung für das nächste Jahr wird eingestellt. Um solche Unregelmäßigkeiten zu vermeiden, muss die Bewässerung der Pflanzen konsequent durchgeführt werden.

Im Juli setzt man den Sommerschnitt bei Apfel- und Birnbäumen fort, nach der Ernte auch bei manchen Steinobstbäumen und bei Johannisbeeren. Den Sommerschnitt bei Äpfeln und Birnen nimmt man bei jenen Bäumen vor, bei denen das übermäßige Wachstum der Hölzer eine reiche Fruchtbildung verhindert. Man entfernt vor allem bei Birnen die Geiztriebe, die sich am Fuße des Stammes, aber auch an den Ästen gebildet haben. Auch überzählige Äste sägt man so ab, damit die Ausbildung von Blüten für das

nächste Jahr begünstigt wird. Dabei sollte man aber bedenken, dass der eigentliche Baumschnitt von Herbst bis Frühjahr erfolgt. Der Sommerschnitt verbessert mit wenigen angebrachten Eingriffen den Ertrag und bringt die Bäume in die gewünschte Form und ins Gleichgewicht.

Alle Steinobstbäume (Pfirsich-, Kirsch-, Mandel-, Pflaumenbäume u. a.) kann man jetzt durch Okulieren veredeln. Edelaugen, die sich im Frühling und Sommer gebildet haben, nennt man schlafend, weil sie während des Winters ruhen und sich erst in der darauffolgenden Jahreszeit entwickeln. Man schneidet das Edelauge von einem gesunden Baum, indem man es von einem einjährigen, an den Blattachseln mit Knospen (vorzugsweise drei) besetzten Ast abnimmt. Die Blätter werden entfernt und der Stiel auf die Hälfte seiner Größe reduziert. Bevor man das Edelauge einsetzt, sollte man es in einem Gefäß mit ein wenig Wasser (ca. 10 cm tief eingetaucht) an einen kühlen und leicht schattigen Ort stellen. Dann wird es auf eine gesunde Unterlage von zwei bis drei Jahren, mit einem Durchmesser von nicht mehr als 2 bis 3 cm, verpfropft. Man wählt lieber junge Unterlagen aus, weil deren Rinde noch dünn ist und sich besser mit der eingeschlossenen Knospe verbinden kann.

Pflanzenpflege

Bei allen Garten- und Zimmerpflanzen ist immer noch mit Blatt- und Schildlausbefall zu rechnen, auch wenn er jetzt nicht mehr so massiv auftritt. Die Bekämpfungsmöglichkeiten wurden bereits erörtert, es sei jedoch daran erinnert, dass bei kleinen Pflanzungen die konsequente Entfernung der Schädlinge von Hand zu guten Erfolgen führt.

Alternariose auf einem Auberginenblatt.

Larven des amerikanischen Webebärs.

Zwischen den jungen Zweigen von Bäumen (Maulbeer-, Nuss- und Weidenbaum sowie einige Gemüsepflanzen) kann man Gespinste entdecken, in denen sich Larven befinden. Das ist der amerikanische Webebär (*Hyphantria cunea*), ein beson-

ders schädliches Insekt, das sich von Blättern ernährt. Sein massenhaftes Auftreten wird erst seit rund zehn Jahren beobachtet. Während die gefräßigen Larven wachsen, fressen sie alles, was ihnen unterkommt. Man kann die jungen Larven mit *Bacillus thuringiensis* besprühen, das Mittel wird in einem Verhältnis von 110 Gramm auf 100 Liter Wasser angerührt. Dieses Mittel wirkt durch die Aufnahme und deshalb ist es wichtig, dass alle Pflanzen besprüht werden.

Der Gemüsegarten muss täglich kontrolliert werden, da vor allem in diesem Monat (auch im August) starker Befall mit mikroskopisch kleinen Pilzen und Insekten auftritt. Krankheiten wie Alternariose, Wurzelhalsfäule, Verticillose (Welkekrankheit), Peronospora, Grauschimmel, Cladosporiose (Samtflecken) und Septoriose (Septoria-Blattflecken) befallen Bohnen, Saubohnen, Tomaten, Paprika und Auberginen.

Alternariose ist eine Pilzkrankheit, von der viele Gemüsearten betroffen sein können (Kohl, Tomaten, Kartoffeln, Karotten, Porree u. a.). Sie entwickelt sich bei Feuchtigkeit

und äußert sich in abgestorbenen Stellen von unregelmäßiger oder rundlicher Form mit konzentrischer Gliederung, die zum Austrocknen der Blätter führen. Befallene Früchte weisen rundliche, in der Mitte vertiefte abgestorbene Stellen mit konzentrischer Gliederung von 1 bis 2 cm auf. Bereits in Glashäusern kann die Krankheit auftreten, wenn es darin zu feucht ist. Im Freien kommt sie nur im Hochsommer vor, wenn es sehr heiß ist. Dann befällt sie Pflanzen, die sich an einem feuchten Ort mit schlechter Durchlüftung befinden. Die Keime dieser Krankheit, die sich leicht durch Regen oder durch Gießen von oben ausbreiten, entwickeln sich bei Temperaturen von 6 bis 31 °C. Vorbeugend lässt sich wenig unternehmen, abgesehen von häufigem Fruchtwechsel und der Verwendung von Samen, die gegen Krankheiten und Viren immun sind. Andere Sämereien legt man vor der Aussaat in ein Desinfektionsbad aus Schachtelhalmsud.

Grauschimmel ist jene Pilzkrankheit, die auf Früchten und Blättern einen filzigen Schimmel hinterlässt. Betroffen sind Tomaten, Erdbeeren, Auberginen, Paprika, Bohnen, Saubohnen, Wein u. a., die zuerst faulen und dann vertrocknen. Zur direkten Bekämpfung verwendet man Kupferoxychlorid und Spritzen mit Schwefel.

Cladosporiose findet man vor allem bei Gurken, Melonen, Tomaten und Zucchini, wo sie hauptsächlich an den Blättern auftritt. Sie verursacht graue Flecken, die in der Mitte durchlöchert sind. Auf Früchten bilden sich Geschwüre, die von einer gummiartigen Ausscheidung begleitet werden. Nach und nach bildet sich daraus gräulicher Schimmel, der das Gewebe verändert. Man verwendet am besten immune und gebeizte Samen.

Septoriose wird von einem Pilz verursacht, der den Winter in der befallenen Pflanze und ihren Samen überdauert. Er breitet sich in der Wachstumsphase der Pflanze auf ihre Blätter, Blüten und Samen aus. Feuchtes Wetter begünstigt die Krankheit, die man an den winzigen abgestorbenen Stellen und dem verzögerten Wachstum der Pflanze erkennt. Sellerie, Tomaten, Kürbisse, Zucchini und Gurken werden von Septoriose befallen. Vorbeugend bekämpft man die Krankheit durch

Die typischen Auswirkungen des Grauschimmels (Botrytis cinerea) auf Weintrauben.

Wie man Kupferkalkbrühe herstellt

Man füllt ein großes nichtmetallisches Gefäß mit 90 Liter Wasser. Dann kommt ein Kilo Kupfersulfat hinzu. Wenn das Wasser eine tiefblaue Farbe angenommen hat, kann man annehmen, dass sich die Kupferoxychlorid-Kristalle aufgelöst haben. In der Zwischenzeit löst man 700 bis 800 Gramm Löschkalk in zehn Liter Wasser auf. Nachdem auch der Kalk vollständig aufgelöst ist, schüttet man die Brühe zur anderen Lösung und mischt alles mehrere Minuten gut durch. Bevor man die Brühe anwendet, prüft man mit Lackmuspapier, ob sie neutral ist. Eine leicht saure Brühe hat sofortige antikryptogamische (pflanzenschützende), aber weniger dauerhafte Wirkung.

Auswahl resistenter Sorten, indem man den Anbau der gleichen Pflanzen im selben Beet für zwei bis drei Jahre unterlässt, bei Sellerie zwei Jahre alte Samen verwendet und kein kaltes Wasser zum Gießen nimmt. Direkt bekämpfen kann man die Krankheit sofort nach Auftauchen der ersten Symptome durch Behandlung mit Kupferkalkbrühe.

Kupferkalkbrühe kann man ohne Schwierigkeiten auch zu Hause herstellen, im Handel gibt es allerdings bereits fertige Produkte. Mit Kupferkalkbrühe als Mittel zum Pflanzenschutz wurde erstmals in der französischen Stadt Bordeaux experimentiert. Es hilft sehr gut gegen Peronospora, Septoriose, Apfelschorf, Blattbräune (Anthracnose), Dürrfleckenkrankheit oder Knollentrockenfäule (Alternariose) usw. Die Basis des Mittels ist Kupfersulfat, ein sehr saures Salz, das durch die Beigabe von Löschkalk neutralisiert wird. Die fungizide (pilztötende) Wirkung hängt wesentlich vom Verhältnis zwischen Kalk und Kupfersulfat ab. Ist der Anteil an Kupfersulfat höher, wird der Pflanzenschutz früher wirksam. Ist er niedriger, hält die Wirkung länger an und umgekehrt. Es empfiehlt sich, die Kupferkalkbrühe am selben Tag anzuwenden, an dem man sie angerührt hat. Denn je mehr Zeit vergeht, desto schneller vergeht der fungizide Effekt.

August

☾⊕ Abnehmender Mond

	Blumengarten	Gemüsegarten	Obstgarten
Aussaat		**im Freien:** Chicorée, weiße Zwiebeln, Radicchio; Herbstsorten von Fenchel, Schnitt-Radicchio und Schnittsalat, Spinat, Feldsalat	
Schnitt	Rankende Rosen, die nicht wieder aufblühen, werden beschnitten; blühende Bäume und Sträucher; immergrüne Kletterpflanzen werden gestutzt; Hecken werden leicht zurechtgestutzt	Tomaten, Gurken, Paprika, Auberginen und Kürbisse werden gestutzt	Sommerschnitt bei Steinobst und Obststräuchern wird fortgesetzt; Sommerschnitt bei Kiwi; Auslichten der Trauben
Veredelung			Okulieren von Apfel-, Birn- und Quittenbäumen und Steinobst im Allgemeinen
Arbeiten	Gruben für die Herbstpflanzen vorbereiten; Schösslinge von Kletterpflanzen an den Rankhilfen festmachen	Porree und Fenchel werden gehäufelt; Bleiche bei Sellerie, Karotten und krause Endivie	Boden für das Pflanzen neuer Weinreben vorbereiten
Ernte		Zwiebel- und Knollenfrüchte sowie alle Pflanzen, die haltbar gemacht werden sollen	Obst, das haltbar gemacht oder zu Marmelade und Gelee verarbeitet wird

☽☺ Zunehmender Mond

	Blumengarten	Gemüsegarten	Obstgarten
Aussaat		**im Freien:** Radieschen und Petersilie	
Pflanzen und Umpflanzen	Iris-Staudenteilung	**ins Freie:** Kopfkohl, krause Endivie, Kopfsalat, Sommerendivie, Porree, Radicchio, Kochsalat, Blumenkohl	Erdbeerpflanzen werden ins Freie gesetzt
Vermehrung	Blühende und immergrüne Sträucher werden durch Setzlinge vermehrt		

Ernte

Im Obstgarten: Äpfel, Birnen, Pfirsiche, Tafeltrauben, Pflaumen, Himbeeren, Heidelbeeren, Haselnüsse und Melonen; **im Gemüsegarten:** Basilikum, Mangold, Artischocken, Kopfkohl, Gurken, Bohnen, krause Endivie, Salat, Auberginen, Tomaten, Paprika, Petersilie, Schnitt-Radicchio, Sellerie, Kochsalat, Kürbisse und Zucchini

Zu diesem Zeitpunkt sind bereits alle Arbeiten erledigt, die notwendig sind, um sich an einem blühenden und gepflegten Garten zu erfreuen.

Arbeiten im Blumengarten

Wenn es länger nicht regnet, kann es sein, dass der Rasenteppich vergilbt, weil das Wasser verdunstet und die erhitzte Oberfläche die Pflanzen belastet. Um dem entgegenzuwirken, sprengt man den Rasen je nach Witterung beinahe täglich. Am besten eignen sich dafür die weniger heißen Stunden des Tages, vorzugsweise wählt man den frühen Morgen, wobei

Die Glyzinie (Wisteria sp.) *aus der Familie der Hülsenfrüchte.*

man sich bemüht, eine ausreichende Wassermenge gleichmäßig über den Rasen zu verteilen. Man beregnet den Rasen von oben und achtet darauf, dass sich die Wasserstrahlen überlagern.

Wie gesagt, lieben hitzebeständige Grassorten diese Jahreszeit, während andere (Rispengras, Schwingel und Straußgras) sichtbar unter der intensiven Sonnenbestrahlung leiden und die prächtige grüne Farbe, die sie im Frühjahr gehabt haben, verlieren. Im Handel gibt es Mittel zur Wiederbegrünung von Rasen. Sie enthalten hauptsächlich Eisen und Stickstoff. Man verabreicht sie nach den Herstellerangaben auf dem Etikett mit dem Gießwasser.

Im Sommer blühende Zwiebelgewächse, wie Achimenes (Schiefteller), Begonien, Iris, Dahlien, Canna indica (Blumenrohr), Gladiolen u. a., stehen nun in voller Blüte, die bei manchen (Begonien und Dahlien beispielsweise) bis zum Herbst anhält. Damit Herbstzeitlose und Krokus noch vor dem ersten Winterfrost blühen, setzt man sie Ende des Monats ins Freie.

Die Arbeit mit Zwiebelgewächsen bleibt immer die gleiche: regelmäßig gießen, die Abdeckung kontrollieren, damit die Erde nicht austrocknet, verwelkte Blüten abnehmen und wenn man große Blüten erzielen will, entfernt man die Nebenknospen. Alles Tätigkeiten, die man auch schon in den vergangenen Monaten ausgeführt hat.

Sind die Zwiebeln von im Frühling blühenden Pflanzen (z. B. Narzissen) im Boden verblieben, werden sie nun vorsichtig mit einer Schaufel oder einer Gabel ausgegraben. Man sucht die jüngsten und gesündesten aus und setzt sie sofort wieder mit einem Abstand von 50 cm zueinander ein.

Nun gibt es im Garten sehr viel zu stutzen und zu beschneiden. Bei einjährigen Pflanzen (z. B. bei Tagetes und Zinnie) werden verwelkte Blüten abgeschnitten, bevor sie Samen produzieren, um die Entwicklung weiterer Blüten voranzutreiben.

Jasmin (Stephanotis floribunda)

Rosen, die in diesem Jahr nicht mehr blühen werden, stutzt man Anfang des Monats, wenn sie ihre Blüte beendet haben. Bei wieder aufblühenden Rosen kürzt man die Blüten tragenden Zweige um ein Drittel. Möchte man die Rosen pflücken, muss man darauf achten, dass man sie über einer Knospe abschneidet, damit sich der Trieb weiter verzweigen kann.

Sollte dies noch nicht geschehen sein, kann man Anfang des Monats auch noch Hecken stutzen. So ist noch genug Zeit, dass die beschnittenen Zweige vor Wintereinbruch gut vernarben.

Wie schon mehrfach erwähnt, sollte man blühende Bäume und Sträucher beschneiden, um sie von verwelkten Blüten zu befreien und die Krone auszugleichen und zu verjüngen. Immergrüne Kletterpflanzen (wie Geißblatt, Efeu, Jasmin u. a.) werden so gestutzt, dass im Inneren keine Löcher entstehen und die Pflanzen gleichmäßig und schön wachsen.

Rankende Sträucher wie Glyzinie, Waldreben, Heckenkirsche (oder Geißblatt) und rankende Rosen haben in diesem Monat schon junge Triebe angesetzt. Diese werden nun an Rankhilfen gebunden, damit sie, wenn sie im nächsten Jahr verholzt sind, die älteren Zweige unterstützen.

Zu säen gibt es eigentlich nur wenig. Um die Wurzelbildung im Winter zu fördern, ist es unbedingt erforderlich bei Stiefmütterchen, Vergissmeinnicht und Levkojen.

Im August ist es notwendig, Sukkulenten, Kamelien, Azaleen, Rhododendren und Gardenien umzutopfen. Am geeignetsten dafür sind die kühleren Stunden des Tages. Man wählt Töpfe, die etwas größer

Arbeiten im Gemüsegarten

Man kann für die Herbst/Winter-Saison noch immer säen und pflanzen. Im Freien: Chicorée, Radicchio und jene Sorten von weißen Zwiebeln, die im späten Frühling bzw. am Sommeranfang des nächsten Jahres geerntet werden. Im Freien sät man: Fenchel, der im Herbst geerntet werden soll, Schnittsalat und Schnitt-Radicchio, Petersilie (den man zum letzten Mal im Frühling ernten kann), Rucola, Radieschen, Sommer/Herbst-Sorten von Spinat, Feldsalat.

sind als jene, in denen die Pflanzen jetzt stehen und gießt zum Abschluss ausreichend.

Wenn man die Vermehrung ins Auge gefasst hat, muss man jetzt Schösslinge abnehmen. Bei Geranien schneidet man junge Zweige mit mindestens drei Blättern ab, ebenso bei immergrünen Sträuchern und bei Pflanzen wie Fuchsien, Zwergmispeln und Hortensien. Die abgenommenen Schösslinge werden sofort in Töpfe gepflanzt, ausreichend angefeuchtet und an einem halbschattigen Ort aufgestellt.

Auch Umpflanzen ist noch möglich. Das macht man besser mit dem Erdballen und man darf es jetzt nicht mehr hinauszögern. Denn bei spätreifenden Sorten riskiert man sonst, dass sie bei Beginn der kalten Jahreszeit noch nicht weit genug entwickelt sind.

Man pflanzt um: früh- und spätreifende Herbst/Winter-Sorten von Kopfsalat, Chicorée, krause Endivie, Sommer/Herbst-Sorten von Kopfsalat, Sommerendivie, Porree, Radicchio, Zuckerhut, Kochsalat, Blumenkohl, Brokkoli, Sprossenkohl, Wirsing. Nach dem Umpflanzen wird mit Umsicht und Konsequenz gegossen.

Reiche Ernte im Sommer: Auberginen (oben), Fenchel (rechts) und Karotten (gegenüberliegende Seite).

Die Bleiche

In diesem Monat führt man bei krauser Endivie, Eskariol (bei den krausen Arten), Porree und Sellerie das Bleichen durch. Dabei werden die Blattbüschel mit Bindfaden zusammengebunden, sodass kein Licht mehr in das Herz der Pflanzen dringen kann und das Innere daher bleich wird. Bei Sellerie hingegen nimmt man die schönsten Pflanzen, fasst alle Blätter zusammen und bindet die Pflanze an zwei Stellen: einmal um die Mitte des Stammes und einmal unter der Krone. Zuletzt kürzt man die Wurzeln um ein Drittel ihrer Länge. Dann kann man die Pflanzen in eine vorbereitete Furche oder eine Kiste legen und mit einem Erde-Sand-Gemisch bedecken. Diese Schicht bedeckt man noch mit Plastikfolie, um die Pflanzen vor Regen zu schützen.

abnehmender Mond

Vor dem Umsetzen der Sommer/Herbst-Sorten von Gemüsepflanzen bereitet man den Boden vor. Die Erde wird aufgelockert, umgegraben und gedüngt. Bei zu saurem Boden wird Kalk hinzugefügt, ist er zu kalkreich und weist zu wenig Humus auf, mengt man organisches Material bei.

Wie in den vergangenen Monaten erntet man auch im August reichlich: Melonen, Basilikum, Mangold, Artischocken, Kopfkohl, Gurken, weiße Zwiebeln, Bohnen, krause Endivie, Sommerendivie, Schnittsalat, Kopfsalat, Auberginen, Kartoffeln, Paprika,

Wilde Heidelbeeren: gewöhnlicher, naturbelassener Strauch im Unterholz.

Tomaten, Petersilie, Schnitt-Radicchio, Kochsalat, Sellerie, Zucchini und Kürbisse.

Wenn die Ernte so reichlich ausfällt, ist es unmöglich, alles auf einmal zu verbrauchen. Jetzt muss man ein wenig Zeit für die Lagerung aufwenden. Zwiebeln, Kartoffeln und Knoblauch wurden bereits in den vorherigen Kapiteln besprochen. Tomaten der Sorte San Marzano werden gewaschen und getrocknet, in zwei Hälften geschnitten, entsaftet und die Kerne entnommen. Dann werden sie auf einem Gitter zum Trocknen in die Sonne gestellt. Bis sie von der Sonne ganz durchgetrocknet sind, nimmt man die Tomaten jeden Abend ins Haus, damit sie über Nacht nicht wieder Feuchtigkeit aufnehmen. Bohnen, egal ob frisch oder getrocknet, friert man besser ein, damit ihnen der Bohnenkäfer nichts anhaben kann.

Man kann gar nicht oft genug auf die Bedeutung der regelmäßigen Bewässerung (vorzugsweise der seitlichen Bodenbewässerung, bei der das Wasser direkt zu den Wurzeln der Pflanzen sickert) hinweisen. Man überprüft, ob die Pflanzen während ihres Wachstums von den Rankhilfen gut gestützt werden. Der Boden wird mit Plastikfolie oder natürlichen Materialien abgedeckt, damit kein Wasser verdunsten kann. An besonders sonnigen Stellen deckt man eben erst gesetzte Pflänzchen

zu, weil die zarten Blätter sonst verbrennen. Auch im August werden Tomaten, Gurken, Paprika, Kürbisse und Auberginen gedüngt.

Arbeiten im Obstgarten

So wie in den vergangenen Monaten macht die meiste Arbeit – die zugleich aber auch die erfreulichste ist – nun die Ernte. Es gibt auch im August viel Obst: Pfirsiche, Aprikosen, Pflaumen, Erdbeeren, Himbeeren, Heidelbeeren, Johannisbeeren, Brombeeren, einige Apfel- und Birnsorten, Tafeltrauben, Mandeln und Haselnüsse.

Erdbeeren werden jetzt ins Freie gesetzt. Man wählt gesunde und gut erhaltene Pflanzen. Die Wurzeln sollen 10 cm lang sein. Sind sie länger, kann es passieren, dass die Erdbeeren nicht gut anwachsen. Wenn die Pflanzen eingesetzt sind, verdichtet man den Boden, damit er den Erdbeeren einen guten Halt bietet. Die beste Zeit dafür sind die kühleren Stunden des

Die Brombeere (Rubus ulmifolius) *hat ihren Ursprung in einer Wildform* (Rubus idaeus).

Der Sommerschnitt bei Kiwis

Der Sommerschnitt bei Kiwis wird deshalb vorgenommen, damit die Bäume reichlich Früchte tragen. Zuerst werden die Triebe am Fuße der Pflanze und entlang des Stammes abgenommen. Dann schneidet man zu starke Triebe ab, die gerade Früchte ausbilden. Und man beschneidet jene, die sich durch den eigentlichen Baumschnitt im Winter erneuern sollen.

abnehmender
Mond

Tages. Danach muss man einige Tage regelmäßig gießen.

Wenn die Bäume in voller Frucht stehen, kann es passieren, dass durch das Gewicht Äste brechen. Um solchen Unfällen vorzubeugen, unterstützt man die gefährdeten Äste mit gegabelten Stöcken. Man muss auch auf frische Veredelungen achtgeben. Die Pfropfreiser sind noch schwach und können während der Sommergewitter leicht vom Wind ausgerissen werden.

Kern- und Steinobst wird weiterhin durch Okulieren veredelt. Veredelungen, die im August oder bis Mitte September durchgeführt werden, führen zu einer kräftigeren Verbindung mit dem (schlafenden) Edelauge als jene, die man im Frühjahr vornimmt. Veredelt werden: Quitten-, Kirsch-, Mandel-, Birn-, Apfel-, Mispel-, Pflaumenbäume und Speierling.

Der Baumschnitt wird fortgesetzt. So ist es angebracht, die Triebe am Fuße des Baumes abzunehmen, weil sie ihm das für die Fruchtbildung wichtige Wasser und Nährstoffe entziehen. Bevor also neue Triebe entstehen, ist es besser, sie so früh wie möglich zu entfernen.

Man fährt auch mit dem Sommerschnitt bei Steinobst, Obststräuchern und im Speziellen bei Kiwis fort. Der Sommerschnitt bei Kiwis sieht die Entfernung von überzähligen und zu starken Trieben, das Beschneiden von jenen Trieben, die sich durch den winterlichen Baumschnitt erneuern sollen und das Stutzen der verbleibenden vor. Sollten sich so viele Früchte gebildet haben, dass sie nicht mehr zu

ihrer normalen Größe gelangen können, lichtet man wie üblich aus, um den verbleibenden Früchten ein besseres Wachstum zu ermöglichen.

Auch beim Wein wird der Sommerschnitt durchgeführt. Um die Trauben zu belüften und ihr Wachstum zu fördern, beschneidet man Triebe und Geiztriebe (vor allem jene, die Trauben tragen) in einem Abstand von etwa zehn Blättern vor der letzten Traube. Auch überzählige Trauben werden abgenommen (besonders jene, die weit weg vom Stamm sitzen), um den verbleibenden das Wachstum zu erleichtern und die Pflanze nicht durch eine überreichliche Fruchtbildung zu schwächen. Vor der Weinlese werden die älteren Blätter entfernt. Außerdem werden die Triebe entlang des Stammes und am Fuße der Pflanze abgetrennt.

Pflanzenschutz

Im August „übersiedeln" die Weibchen der Bohnenkäfer von trockenen, in Lagern aufbewahrten Samen aufs freie Feld. Dort legen sie ihre Eier auf Hülsenfrüchten ab, in denen sie sich dann entwickeln. Die Larven (3 bis 4 mm lang) fressen zahlreiche Gänge in die Samen und ernähren sich von den Keimblättern. Erwachsene Tiere sind 2 bis 3 mm lang, von brauner Farbe und mit kurzen grauen Haaren bedeckt.

Bohnenkäfer: Schäden und ausgewachsenes Tier.

Sie überwintern in den Bohnen. Man bekämpft sie, indem man nur einwandfreies Saatgut verwendet.

Auch der Erbsenkäfer ist ein Pflanzenschädling, dem schwer beizukommen ist. Das ausgewachsene Insekt (4 bis 5 mm lang) überwintert in den Samen. Im Frühling entpuppt er sich und der Käfer legt seine Eier auf bereits grünende Knospen im Freien. Die Larven entwickeln sich im Inneren der Knospe und fressen Löcher in die Keimblätter und häufig auch den Keim selbst. Der Kreis schließt sich mit erwachsenen Käfern in Samen, die eingelagert werden. Man desinfiziert die Samen mit einem handelsüblichen Mittel. Für das Anlegen neuer Kulturen besorgt man aber als immun ausgezeichnete und versiegelte Samen.

Ausgewachsene Blattflöhe, die Birnbäume befallen, sind 2 bis 3 mm groß, orangegelb mit dunklen Flecken und ähneln einer kleinen Zikade. Sie überwintern unter der Rinde des Birnbaums und mit Beginn der Wachstumsperiode suchen sie die Zweigspitzen auf, um Pflanzensaft aus den Knospen zu saugen. Mit Ende des Winters legen die Weibchen ihre Eier und nach zwei bis drei Wochen schlüpfen die Larven, die sich am unteren Ende der Blütenstiele oder Blättchen niederlassen. Dort ernähren sie sich von Pflanzensäften und verraten ihre Anwesenheit durch die Absonderung einer klebrigen Masse (Honigtau). Es gibt im Laufe des Jahres mehrere Generationen von Blattflöhen, die das Vertrocknen und Abfallen der Blätter, das Abfallen von Knospen, die erschwerte Reife von Früchten und eine Reihe von Krankheiten verursachen, die das Entstehen von Rußtau begünstigen. Eine Bekämpfungsmethode (aber nur zur Reinigung der Früchte) ist die ein- oder mehrmalige Anwendung eines Spülmittels, das man täglich (selbstverständlich mit Wasser verdünnt) zum Abwaschen der Früchte verwendet.

Wie schon im Juli kann man auch jetzt Herbstpflanzen versetzen, aber vor allem ein zweites Mal Bohnen, Mangold, Chicorée u. a. ernten.

Der Blattfloh (Psylla piricola) *ist einer von vielen Schädlingen des Birnbaumes. Erstens, weil er sich erstaunlich schnell vermehrt, zweitens wegen der großen Menge an Pflanzensäften, die von den Larvenkolonien ausgesaugt werden.*

Abgesehen davon, dass man eine normale Menge an Dünger verwendet, sollte man auch tief und gründlich umgraben. Unter der Erde lebende Insekten können neuen Pflanzen erhebliche Schäden zufügen, auch weil sich im Frühling viele Generationen stark vermehrt haben, wie beispielsweise Springkäfer und Eulenfalter. Aus diesem Grund muss der Boden desinfiziert werden. Dazu verwendet man jene Spezialmittel, zu denen der Händler rät.

Springkäferlarve

September

Abnehmender Mond

	Blumengarten	Gemüsegarten	Obstgarten
Aussaat		**im Freien:** verschiedene Salatsorten	
Verpflanzen		Porree für die Frühlingsernte	
Schnitt	Geiztriebe und überzählige Knospen von Dahlien werden entfernt; die seitlichen Knospen von Chrysanthemenkronen werden entfernt; verblühte Rosen abschneiden; Sträucher stutzen und in Form bringen		Sommerschnitt (Pinzieren) bei Kiwi und Wein, aber vor der Weinlese
Veredelung			Veredeln von Birn-, Apfel- und Kirschbäumen sowie Steinobst
Arbeiten	Kälteempfindliche Pflanzen werden an einen vorbereiteten Platz gebracht; Boden für die Oktoberpflanzungen vorbereiten	Häufeln bei Fenchel, Sellerie, Porree und Blumenkohl; Bleichen von krauser Endivie, Eskariol und Radicchio; wenn die Wachstumsperiode abgeschlossen ist, werden die Beete ausgeräumt	Oberfläche des Bodens für neue Pflanzungen bearbeiten und düngen
Ernte		Gemüse zum Einlagern; vor dem Frost Karotten, Wurzelgemüse und alle Gemüsearten zum Haltbarmachen, Radicchio ernten	Weinlese; Früchte zum Einlagern wie Haselnüsse, Pflaumen, Äpfel u. a.

☽☺ Zunehmender Mond

	Blumengarten	Gemüsegarten	Obstgarten
Aussaat	**im Freien:** Ringelblumen, Winden, Mohn; Portulak, Steinkraut, einjährige Feldblumen; Samen für neue Wiesen	**im Freien:** Petersilie und Radieschen	
Pflanzen und Umpflanzen	Bartnelken, Vergissmeinnicht, Primeln, Levkojen, Stiefmütterchen, Margeriten; frühreifende und im Frühling blühende Zwiebelgewächse werden eingesetzt	**ins Freie:** Radicchio, Endivie, Salat, Mangold	Erdbeeren werden im Freien gepflanzt
Vermehrung	Auslichten der mehrjährigen Pflanzen; Stecklinge von immergrünen und winterkahlen Rosen zurichten; Geranienstecklinge aus der Blattachsel brechen		

Ernte

Im Obstgarten: Äpfel, Birnen, Pfirsiche, Aprikosen, Pflaumen, Himbeeren, Heidelbeeren, Tafeltrauben, Nüsse, Melonen; **im Gemüsegarten:** Basilikum, Mangold, Karotten, Blumenkohl, Brokkoli, Sprossenkohl, Kopfkohl, Gurken, Chicorée, Bohnen, Fenchel, krause Endivie, Sommerendivie, Auberginen, Tomaten, Paprika, Porree, Schnitt-Radicchio, Sellerie, Kürbisse, Zucchini

Japan-Anemo-ne, ein Knollen-gewächs, das im Frühjahr blüht.

Nach der großen Hitze, der hochstehenden Sonne und den Regenfällen Ende August beginnen sich Blumen- und Gemüsegarten auf die Ruhephase vorzubereiten. Man merkt dies sofort an den fast frühlingshaften Farben, die der Rasen nun zurückgewinnt. Das Gelb der Sommerhitze ist einem satten Grün gewichen.

Arbeiten im Blumengarten

Weil dieser Monat Zeit für die Rasenpflege lässt, wird der September als die wichtigste Zeit für die Erhaltung und Vorbereitung des Rasens angesehen. Angesichts der etwas niedrigeren Temperaturen, erhöhter Niederschläge und größerer Luftfeuchtigkeit kann man neue Gräser säen und ältere Rasenpflanzen ersetzen oder nachsäen.

Wenn man einen neuen Rasenteppich aussäen möchte, muss man zuerst den Boden umgraben und düngen. Man geht dabei folgendermaßen vor: Zuerst wird reifer Dünger gleichmäßig über die Erde verteilt. Dann gräbt man kräftig um (bis zu einer Tiefe von 10 cm), um einen ordentlichen Untergrund für die Samen zu bereiten und den ungehinderten Wasserablauf sicherzustellen. Danach bringt man Dünger auf (Stickstoff, Phosphor und Pottasche im Verhältnis 2 : 1 : 1). Es ist wichtig, Steine und Wurzeln zu entfernen und den Boden ordentlich zu hacken, bis die Erde zerbröckelt und der Boden eben ist. Diese Genauigkeit verhindert Absenkungen und gefährliche Wasserstauungen. Jetzt kann man mit der Aussaat beginnen, die man entweder in weitem Bogen mit der Hand oder mechanisch ausführen kann. Die Technik der Breitsaat per Hand erfordert beim Verteilen der Samen eine möglichst gleichmäßige Streuung, damit keine leeren Stellen übrigbleiben. Um dies zu vermeiden, sät man einmal in eine und dann in die andere Richtung. Wer sichergehen möchte, bedient sich einer Sämaschine, die aber meist nur von professionellen Gärtnern verwendet wird. Anschließend hackt man das Erdreich nochmals leicht, um die Samen zu bedecken und walzt die Fläche ab, um den Boden mit den Samen zu verfestigen. Im Gegensatz zum April kann man im September die Walze verwenden, weil nun eine kältere und mehr oder weniger feuchte Jahreszeit bevorsteht, und man nicht Gefahr läuft, dass der Boden verdichtet. Nun wird gegossen, wobei man auf einen feinen Sprühregen achtet, damit die Samen nicht weggeschwemmt werden.

Mitte des Monats wird der umgegrabene und gedüngte Boden für das Setzen von frühreifenden oder im Frühling blühenden Zwiebelgewächsen wie Krokusse, Narzissen, Hyazinthen, Tulpen, Traubenhyazinthen, Schneeglöckchen, Blaustern, Anemonen, Herbstzeitlose u. a. vorbereitet. Einpflanzen ist eine einfache Arbeit: Wenn der Boden umgegraben, gedüngt und verfestigt ist, gräbt man mit einem Pflanzholz kleine Löcher, die etwa doppelt so tief sind wie die einzupflanzenden Zwiebeln. Der Abstand zwischen den Pflanzen sollte etwa das Zwei- bis Dreifache des Durchmessers der Zwiebeln betragen. Die Zwiebeln kommen in die Löcher und werden mit Erde bedeckt. Zum Schutz der Pflanzen kann man im Frühjahr eine Mischung aus Torf und Kompost über die aufblühenden Zwiebeln verteilen. Ein-, zwei- und mehrjährige Pflanzen, die man in den vergangenen Monaten gesät oder gesetzt hat, erreichen jetzt den Höhepunkt ihrer Pracht. Damit sie noch länger schön bleiben, entfernt man welke Blüten und Blätter und lockert vor allem das Erdreich rund um die Pflanzen.

Manche mehrjährige Pflanzen haben nun ihr Wachstum eingestellt und um sie zu verjüngen, gräbt man sie aus und trennt sie vorsichtig in mehrere Teile, ohne die Wurzeln allzu sehr zu beschädigen. Dazu wählt man in erster Linie die jüngeren Pflänzchen aus, die rund um die Mutterpflanze gewachsen sind. Man pflanzt sie so schnell wie möglich um.

Auch einjährige Pflanzen haben ihr Wachstum eingestellt (beispielsweise Petunien) und werden ausgegraben. Damit sie im Frühjahr blühen, kann man aber Vergissmeinnicht, Stiefmütterchen, Margeriten, Bartnelken, Primeln, Fingerhut, Glockenblumen, roten Eibisch und Levkojen einsetzen.

Zur Aussaat auf umgegrabenem und mit reifem Kompost gedüngtem Boden eignen sich Ringelblumen, Winden, Mohn, Portulak, Steinkraut, wohlriechende Platterbsen und andere Feldblumen.

Die Gartenschere kommt wie in allen anderen Monaten auch im September zum Einsatz. Und zwar, um abgeblühte Blumen zu entfernen, zum Stutzen, um Sträucher in Form zu schneiden, um verblühte Rosen zu beschneiden, um bei Dahlien überzählige Knospen und Geiztriebe zu beseitigen, um Chrysanthemenknospen abzunehmen und verdorrte Blätter abzuschneiden, die nicht nur unansehnlich sind, sondern auch Träger von Parasitenkrankheiten sein können.

Topinambur ist eine typische Septemberblume.

Arbeiten im Gemüsegarten

Im September gibt es wieder viel zu tun und reichlich zu ernten. Wenn man geeignete Sorten ausgewählt und die Pflanzen gut gepflegt hat, hat man nun zufriedenstellende Erträge von Melonen, Mangold, Karotten, Blumenkohl, Brokkoli, Kopfkohl, Rosenkohl, Gurken, Bohnen, Endivie, Sommerendivie, Kopfsalat, Auberginen, Paprika, Tomaten, Porree, Radicchio, Chicorée, Sellerie, Kürbissen und Zucchini. Viele Gemüsesorten eignen sich zum Einfrieren (Zwiebeln und Schnittlauch), Einlegen in Essig (Gurken, Zwiebeln, Paprika, Bohnen) und zum Einlegen in Öl (Auberginen, Zucchini, Zwiebeln, Paprika). Beste Ergebnisse erzielt man mit frischem Gemüse, das man bei abnehmendem Mond geerntet hat.

Einige typische Sommer-Gemüsesorten (Tomaten, Auberginen, Paprika) stehen bei guter Pflege bis Ende des Monats und länger in Frucht. Damit die Früchte in der Septembersonne gut reifen, hält man den Boden immer sauber.

Den ganzen September über werden die Samen im Glashaus überwacht, wie schon in den vergangenen Monaten. Haben die Pflänzchen eine entsprechende Größe erreicht, vereinzelt man sie besser und setzt sie ins Freie. Ohne Weiteres vertragen dies Fenchel, Frühlingssorten von Porree, manche Karottensorten, spätreifender Radicchio und Zuckerhut.

Ist das noch nicht geschehen, häufelt man Artischocken auf älteren Anbauflächen, Fenchel, Sellerie und Porree, um die Bleiche auszulösen. Auch krause Endivie und Radicchio werden der Bleiche ausgesetzt, weil das den Geschmack verbessert (vor allem wird das Gemüse knackig).

Auch wenn das Unkraut mit Herannahen des Winters weniger wird, muss man trotzdem ständig darauf achten, dass es nicht im Gemüsegarten wuchert. Vor allem dann, wenn man die Beete nicht abgedeckt hat.

Am besten entfernt man es mit der Hand und lockert die Erde, besonders bei jenen Gemüsepflanzen, die in voller Frucht stehen (Kohl). Auf Beeten, die keine Früchte mehr hervorbringen, muss trotzdem das Unkraut gejätet werden, da es sonst Samen ausbildet und sich vermehrt.

Den Boden auf den Winter vorbereiten

Wenn die Natur im Gemüsegarten langsam zur Ruhe kommt, werden die Beete geräumt und von Pflanzenresten gesäubert. Sind die Überbleibsel der abgeernteten Kulturen entfernt, muss man recht bald umgraben, weil die kalte und feuchte Jahreszeit sehr schnell eintreffen und die Arbeiten erschweren kann. Vor dem Umgraben verteilt man reifen Kompost auf der Erde, den man dann gut in das Erdreich einarbeitet. Dabei kann man auch Desinfektions- und Schädlingsbekämpfungsmittel anwenden, um unter der Erde lebende Insekten zu bekämpfen. Ist die Erde gut zerkleinert, hackt man sie auf, damit keine Staunässe entstehen kann. Das macht man allerdings nur, wenn man vorhat, auch im nächsten Jahr Pflanzen zu ziehen. Ansonsten ist es besser, die Erde den gesamten Winter über in Klumpen zu belassen.

abnehmender
Mond

Arbeiten im Obstgarten

Den ganzen September über kann man Früchte ernten, die in der Sommer/ Herbst-Saison reifen: Birnen, Äpfel und Quitten, spätreifende Sorten von Pfirsichen, Nektarinen und Pflaumen. Frühreifende Kastanien erntet man Mitte des Monats und später. Ebenfalls erntet man Nüsse, Mandeln, Feigen, Himbeeren, Heidelbeeren und Tafeltrauben. Wohingegen Kiwi, obwohl der Baum bereits trägt, besser Mitte Oktober gepflückt werden. Der geringe Zuckergehalt macht die Früchte

weniger haltbar und anfällig für Pilzbefall. Abgesehen davon schmecken sie jetzt noch etwas fade.

Bei der Ernte sollte man an einige Dinge denken, die dabei helfen, die Früchte länger gesund zu erhalten. Man sammelt beispielsweise nur wirklich trockene Früchte, bei zu viel Feuchtigkeit neigt das Obst sonst zum Schimmeln und Faulen. Man nimmt die Früchte durch leichte Drehungen des Stängels ab. Sind die Früchte reif, bereitet dies keine Schwierigkeiten. Das Obst darf bei der Ernte nicht zerdrückt werden, weil die Schale sonst sofort zu faulen beginnt. Außerdem wählt man nur

belüftet werden und man ihre Qualität auf einen Blick erkennen kann.

Im September führt man zum letzten Mal den Sommerschnitt an der Kiwi durch. Wie schon im August festgestellt, ist der Schnitt erforderlich, um Zweige für die Fruchtbildung und zur Auslichtung der Krone auszuwählen, damit der Baum gleichförmig wächst und die Früchte gut ausreifen können.

Zweifellos ist die anstrengendste Arbeit im Obstgarten nun die Vorbereitung des Bodens für neue Pflanzungen. Zuerst wird der Boden eingeebnet, damit sich keine Absenkungen bilden, in denen sich Nässe sammeln kann, und damit kein Gefälle auftritt und zu viel Wasser abfließt. Dann hebt man Gruben aus, die rund 80 cm tief und breit sind. Obwohl man erst in den folgenden Monaten mit der Pflanzung beginnt, werden die Löcher schon im September gegraben. Um die späteren Pflanzungen zu erleichtern, teilt man den Aushub in feineres und gröberes Erdreich. Die gröberen Brocken kommen später wieder auf den Boden der Grube, bevor man Bäume einsetzt. Sollten während des Jahres einige Obstgewächse eingegangen sein, werden sie durch neue ersetzt. In diesem Fall setzt man die neue Pflanze besser nicht an die gleiche Stelle wie die alte. Es ist nämlich möglich, dass kranke oder verfaulte Wurzelreste zurückgeblieben sind, die Krankheiten übertragen können.

gesunde Früchte und wirft alle weg, die Schäden durch Schnabelhiebe, Löcher von Insekten, Hagelschäden oder Pilzkrankheiten aufweisen. Mandelbäume werden geschüttelt, bis die Mandeln abfallen. Man sollte sie schnell auflesen und nicht zu lange am Boden liegen lassen.

Wie Gemüse kann man auch Obst in Gefäßen aufbewahren, wenn man den abnehmenden Mond abwartet. Wer frische Früchte haben möchte (z. B. Birnen und Äpfel und etwas später Kiwis), breitet die Früchte auf einem Gitter aus, wo sie gut

Der Boden wird für neue Pflanzungen vorbereitet.

Die Aufbewahrung von Tafeltrauben

Zur Aufbewahrung von Tafeltrauben wählt man gesunde und reife Früchte von Sorten mit dicker Schale und festem Fruchtfleisch. Eine weitverbreitete Form ist, die Trauben mit einem Stück des Reblings aufzubewahren. Nach dem Schwefeln werden die Trauben an einem Faden aufgehängt, den man in einem trockenen Raum gespannt hat. Die Temperatur soll zwischen 12 und 15 °C liegen. Eine andere Methode ist, die – wie zuvor mitsamt dem Rebling geernteten – Trauben in mit Wasser gefüllte Gefäße zu legen. So wird der Flüssigkeitsverlust der Trauben über die Saugfähigkeit des Reblings ausgeglichen und die Trauben bleiben bis zum Frühling schön fest. Wichtig ist, dass die Temperatur konstant zwischen 8 und 10 °C liegt, der Aufbewahrungsort dunkel und vor Insekten geschützt ist und man ständig die eventuell verdorbenen Trauben entfernt. Für diese beiden Methoden eignen sich einige weiße und rote Rebsorten. Eine weitere Aufbewahrungsmethode ist das Einlegen in Alkohol, wofür sich besonders Sorten mit großen Beeren (Zibebe u. a.) eignen. Man löst die Beeren ab, dann sticht man sie mit einer Nadel an (um zu vermeiden, dass sie aufplatzen) und gibt sie in ein gut gereinigtes Gefäß mit großer Öffnung. Dann mischt man 75%igen Alkohol, Zimt und Gewürznelken (für den Geschmack) und Zucker (ca. 10 % des Gesamtgewichtes) hinzu. Das Gefäß wird geschlossen und ins Dunkle gestellt. Man rührt von Zeit zu Zeit um und füllt bei Bedarf Alkohol nach. Man kann Trauben auch in Essig, Sirup, Salzlake und Most einlegen. Davon ist allerdings abzuraten, weil das die Qualität und den Geschmack der Weintrauben verändert.

abnehmender
Mond

Pflanzenpflege

Der September ist in Bezug auf die Pflanzenpflege bei weitem nicht so ruhig, wie man annehmen möchte. Verschiedene Krankheiten treten erst im Spätherbst richtig hervor. Man darf zum Beispiel nie die Suche nach Blattläusen und Milben vernachlässigen. Das ist nicht nur für die Ernte wichtig, sondern auch für die Entwicklung der hölzernen Teile von Fruchtpflanzen im folgenden Jahr von Bedeutung.

Konsequent müssen jetzt Kürbisgewächse auf Mehltau untersucht werden, der am Beginn der feuchten Jahreszeit besonders

Schäden durch Rostkrankheit auf einem Bohnenblatt (Vergrößerung).

Eine von Blattläusen (Mycus persicae) befallene Dahlienknospe.

häufig auftritt. Man bekämpft ihn durch Spritzen mit Schwefel.

Im August wurden alle Kohlsorten gepflanzt, nun muss man auf die Bekämpfung von Peronospora und auf Pflanzenschädlinge wie Wanzen und Kohlweißling achten.

Auch gegen Rostkrankheit bei Spargel, Bohnen und Pfirsich muss man etwas unternehmen. Vorbeugend behandelt man mit 6- bis 7 %igem Kupferoxychlorid oder Kupferkalkbrühe.

Die Rostkrankheit äußert sich bei manchen Pflanzen durch rötliche Flecken, bei anderen durch hellgelbe Bläschen. Viele Pflanzen werden befallen, kleine Gemüsepflanzen ebenso wie Blütenpflanzen und Hölzer. Bei einigen Gewächsen verursacht Rostkrankheit nur leichte Schäden, bei anderen führt sie zu Blattfall und zum Verdorren. Man wählt resistente Sorten, vernichtet betroffene Pflanzenteile und behandelt mit Schachtelhalmsud oder Kupferoxychlorid, um die Rostkrankheit zu bekämpfen.

Schachtelhalmsud wird gegen die Rostkrankheit eingesetzt.

Was Blätter erzählen

An Blättern lässt sich der Mangel an Spurenelementen im Boden ablesen, wie man ihn auch aus einer chemischen Analyse ersehen kann. Was man mit bloßen Auge erkennt: **Eisen-Chlorose** (Eisenmangel) – Die Blätter nehmen eine blass-grüne bis strohgelbe Farbe an. Chlorophyll bleibt auf das Blattgerippe beschränkt, die Pflanze erleidet Blattfall, weil die Blattränder vertrocknen, und ein verzöger-tes Wachstum. **Magnesiummangel** – Man bemerkt eine Verminderung des Chlo-rophylls im Inneren des Blattes mit Ausnahme der Blattbasis. **Manganmangel** – Die Blätter behalten ihre Größe und bleichen zwischen dem Blattgerippe aus, der Blattfall ist vorhersehbar. **Zinkmangel** – Die Blätter sind kleiner als normalerweise. Zwischen dem mittleren Blattgerippe treten Verfärbungen auf, während die Farbe am Rand gleich bleibt. Das Wachstum leidet, die Früchte bleiben klein und unreif. Diese Mangelerscheinungen treten in den ersten Wachstumsmonaten auf und stechen einem bei steigenden Temperaturen in den länger werdenden Tagen ins Auge. Während man im Herbst umgräbt, sollte man daher Dünger, der alle Spurenelemente enthält, deren Mangel man erkannt hat, in den Boden einarbeiten. Das folgende Jahr über gibt man regelmäßig Blattdünger mit den notwendigen Spurenelementen ins Gießwasser.

Oktober

☾ Abnehmender Mond

	Blumengarten	Gemüsegarten	Obstgarten
Aussaat		**im Freien:** Salat, Spinat, Feldsalat	
Pflanzen und Umpflanzen	Zwiebeln von Narzissen, Herbstzeitlosen und Krokussen werden gepflanzt		
Schnitt	Bäume und Sträucher, die zu blühen aufgehört haben, werden beschnitten		
Arbeiten	Zwiebeln werden ausgegraben, geteilt und gereinigt und getrocknet aufbewahrt (Dahlien, Gladiolen u. a.); Gruben für neue Rosenstämme vorbereiten	Düngen der Beete, die im nächsten Jahr zum Aussäen und Pflanzen gebraucht werden; Bleichen: Radicchio, krause Endivie	Bodenbearbeitung
Ernte		alle Pflanzen, die haltbar gemacht werden sollen	Weinlese und Ernte von Obst, das haltbar gemacht werden soll

Ernte

Im Obstgarten: Äpfel, Birnen, Kastanien, Kiwis, Weintrauben, Himbeeren, Quittenäpfel, Nüsse; **im Gemüsegarten:** Basilikum, Mangold, Artischocken, Karotten, Kohl, grüne Bohnen, Bohnen, krause Endivie, Salat, Auberginen, Tomaten, Paprika, Porree, Petersilie, Radicchio, Spinat, Radieschen, Sellerie, Feldsalat, Kürbisse und Zucchini

☽☺ Zunehmender Mond

	Blumengarten	Gemüsegarten	Obstgarten
Aussaat		**im Freien:** Radieschen	
Pflanzen und Umpflanzen	**ins Freie:** zweijährige Blütenpflanzen; frühreifende und im Frühling blühende Zwiebelgewächse einsetzen; Sträucher und Rosen		Neue Kleinfrucht-pflanzen und wieder-blühende Erdbeeren
Vermehrung	Immergrüne und manche winterkahle Arten werden durch Schösslinge vermehrt; Büschel von mehrjährigen Pflanzen und die Rhizome von Lilien teilen und wieder ins Freie setzen; Stecklinge für Rosen und Forsythien vorbereiten	Mehrjährige Heil- und Gewürzkräuter werden durch Teilung der Büschel vermehrt	Kerne von Steinobst werden in Erde oder Sand gesetzt, um Pflanzen zu bilden

Nun nehmen die Blätter langsam die charakteristischen Herbstfarben an, der Fluss der Pflanzensäfte verlangsamt sich und die Natur begibt sich allmählich in den „Winterschlaf". Dessen ungeachtet muss man jetzt viel erledigen, um im nächsten Frühjahr einen blühenden Garten und einen ansehnlichen Rasen zu haben.

Arbeiten im Blumengarten

Neuer Rasen wird nun an- oder nachgesät. Nachsäen ist übrigens auch ein einfacher Trick, damit der Rasen auch im Winter schön grün bleibt. Quecke bekommt auf Grund der niederen Temperaturen einen hässlichen, verbrannten Farbton. Dem kann man entgegenwirken, wenn man mehrjähriges Raigras ansät. Ausgiebiges Gießen lässt den Samen schneller aufgehen. Nachgesät wird vor allem dort, wo „Löcher" entstanden sind. Das kann aus verschiedenen Gründen passieren, zum Beispiel, wenn Vögel die Samen gefressen und die Pflänzchen nicht gewurzelt haben, oder die Erde durch Überdüngung beschädigt wurde.

Nachdem die Samen aufgekeimt sind und die Grashalme eine Größe von 8 bis 10 cm erreicht haben, wird erstmals gemäht.

Vorher vergewissert man sich allerdings, ob das Gras auch ordentlich angewurzelt ist. Dazu versucht man ein Büschel auszureißen. Wenn es nicht nachgibt, sind die Wurzeln stark genug und man kann mähen.

Wie auch im September gräbt man nun einjährige verblühte Pflanzen aus und schneidet verwelkte Blüten bei allen anderen Gewächsen ab. Manche Pflanzen, wie die Ringelblume, werden jetzt in Gewächshäusern angesät, damit man sie Ende des Winters ins Freie verpflanzen kann.

Wenn Blüten zu welken beginnen und abgeschnitten werden, sollte man auch gleich ihre Samen einsammeln. Dazu muss man die Samenkapseln vorsichtig abnehmen und zum Trocknen an einen schattigen Ort legen. Am besten bewahrt man sie in Papiersäcken an einem gut durchlüfteten Platz auf.

Zwiebelgewächse, die zum Blühen aufgehört haben, werden ausgegraben. Man säubert sie sofort und lässt sie einige Tage an einer geschützten Stelle trocknen, bestäubt sie mit Pflanzenschutzmitteln, z. B. Kupferoxychlorid, um Krankheiten vorzubeugen, und lagert sie in Jute- oder Papiersäcken im Dunkeln. Man kann die Zwiebeln auch mit Sand bedeckt in Kisten überwintern lassen.

Clematis-Hybriden sind leicht zu pflegen. Sie blühen von Sommerbeginn bis Ende Herbst.

Bevor Mitte des Monats die Temperaturen sinken, werden frühreifende bzw. im Frühling blühende Zwiebelgewächse ins Freie gesetzt: Krokus, Hyazinthen, Narzissen, Tulpen, Schneeglöckchen, aber auch weniger verbreitete Pflanzen wie Traubenhyazinthen, Blaustern u. a.

Nachdem man den Boden umgegraben hat, kann man in diesem Monat Stiefmütterchen, Primeln, Ringelblumen, Vergissmeinnicht, Tausendschönchen, Bartnelken, Glockenblumen und Levkojen pflanzen. Primeln, Ringelblumen, Stiefmütterchen und Levkojen, die man vom

Männertreu (mehrjährige Sorte) eignet sich hervorragend, um Mauern zu schmücken.

Ende des Winters bis zum Anfang des Frühlings sät, können sogar während der Wintermonate blühen.

So wie im September werden auch im Oktober mehrjährige Pflanzen geteilt und eingepflanzt (Steinkraut, Mädchenauge), ebenso wie die Rhizome der Lilie.

Anfang des Monats werden Rosen und alle Gehölze samt ihren Erdballen ins Freie verpflanzt. Gehölze und Sträucher kann man sogar den ganzen Winter über setzen,

Stiefmütterchen mögen Halbschatten und kalkhaltigen Boden.

Man erntet und lagert Sommer- und Herbstgemüse ein: Basilikum, Mangold, Artischocken, Karotten, Brokkoli, Blumenkohl, Rosenkohl, Wirsing, grüne Bohnen, krause Endivie, Sommerendivie, Schnitt- und Kopfsalat sowie Petersilie. Während in wärmeren Gefilden die Ernte von Auberginen, Paprika und Tomaten endet, beginnt sie nun bei manchen Radicchio-Arten, Zuckerhut, Radieschen, Spinat, Sellerie, Feldsalat und Kürbissen.

Gemüsearten wie krause Endivie, Fenchel und Porree werden weiter gebleicht. Radicchio wird unter Folie gebleicht, weil sie (gute Durchlüftung vorausgesetzt) Schutz vor Kälte bietet und so eine Ernte im Februar erlaubt.

Radieschen, Schnitt- und Kopfsalat, Spinat und Feldsalat werden nun gesät, Zwiebeln sowie Knoblauch aus dem Glashaus in Beete versetzt.

Weil der Oktober (und eigentlich der gesamte Winter) ziemlich feucht ist, müssen die Abflussgräben zwischen den Beeten in Ordnung gebracht werden, damit keine Staunässe entstehen kann.

Gewürz- und Heilkräuter (Melisse, Schnittlauch, Estragon, Majoran, Oregano, Thymian, Lavendel, Rosmarin, Raute, Salbei) werden durch Teilung der Büschel vermehrt. Das macht man, indem man die Pflanze vorsichtig aus dem Boden zieht, ohne die Wurzeln zu verletzen, und dann in einzelne Teilpflanzen zerlegt. Die Pflanze wird etwas gekürzt und wieder in einen Topf oder in den Gartenboden gesetzt. Danach muss man ausgiebig gießen.

Wie schon im vergangenen Monat, entfernt man nun alle Pflanzen, die ihren Wachstumszyklus beendet haben, und gräbt die Erde um. Wenn notwendig, werden dabei reifer Kompost, schützende und krankheitsbekämpfende Mittel zur Desinfektion ins Erdreich eingearbeitet. Man kann ruhig tief umgraben, kann die einzelnen Schollen aber ganz lassen. Die Witterungseinflüsse (Wasser, Eis und Tauwetter) sorgen dafür, dass die Erde bröckelt und brüchig wird.

Gartensalbei (Salvia officinalis) *ist eine frostharte und mehrjährige Pflanze.*

aber im Oktober läuft man dabei nicht Gefahr, von der Kälte überrascht zu werden und einen stark ausgetrockneten Boden vorzufinden.

Alle Bäume und Sträucher, die nicht mehr blühen (Hibiskus, Wandelröschen, Fuchsien u.a.), werden gestutzt, wobei man diese Arbeit in Gegenden mit tiefen Temperaturen und frühem Frost auf den Frühling verschieben muss.

Arbeiten im Gemüsegarten

Die Tage werden kürzer und die Temperaturen sinken. Nun muss man um die Bewässerung des Gemüsegartens natürlich nicht mehr so besorgt sein.

Wie man Folientunnel anlegt

Eine besonders wichtige, wenn nicht sogar die lohnendste Arbeit, ist das Anlegen von Folientunneln. Mit ihrer Hilfe kann man auch in der fortgeschrittenen Jahreszeit frisches Gemüse wie Fenchel, Schnittsalat, Radicchio, Radieschen oder Feldsalat ernten. Allerdings muss man sie rechtzeitig – bevor es zu frieren beginnt – aufstellen. Die Bogen der Tunnel können je nach Belieben und nach ihrer Größe mehrere oder auch nur einzelne Beete überspannen. Die Bögen werden mit einer Folie aus Kunststoff (Polyethylen) von mindestens 0,15 mm Dicke bespannt. Das benötigte Material bekommt man im Fachhandel für Garten- bzw. landwirtschaftlichen Bedarf. Damit ein Folientunnel stabil bleibt, muss das Gerüst gut im Boden verankert und im Inneren gestützt werden. Die Folie selbst wird mit Clips an den Bögen festgemacht. Größere Stabilität (vor allem bei Wind) erhält der Tunnel, wenn man die überstehende Plastikfolie ebenfalls in der Erde vergräbt. Um den Tunnel gegen Ende des Winters gut durchlüften zu können, sollte man an seinen Seiten für entsprechende Belüftungsmöglichkeiten sorgen.

Bleichen von Radicchio

Um Radicchio zu bleichen, werden die Pflanzen ausgegraben und kreisförmig aufgelegt, wobei ihre Wurzeln nach innen zeigen. Dann deckt man sie mit Plastikfolie ab, wobei aber auf ausreichende Luftzirkulation geachtet werden muss. Nach zehn bis 15 Tagen sind die Pflanzen reif zum Verzehr. Dies ist nur eine von vielen Techniken, die man in der Gärtnerei zum Bleichen anwendet.

Einlagern von Kastanien

Um Kastanien für längere Zeit (bis 40 Tage) zu lagern, lässt man sie in der Schale und häuft sie im Schutze einer Wand zu einem Stapel von 40 bis 50 cm Höhe auf. Darüber kommt eine Schicht aus Blättern, die ihrerseits von Erde bedeckt wird.

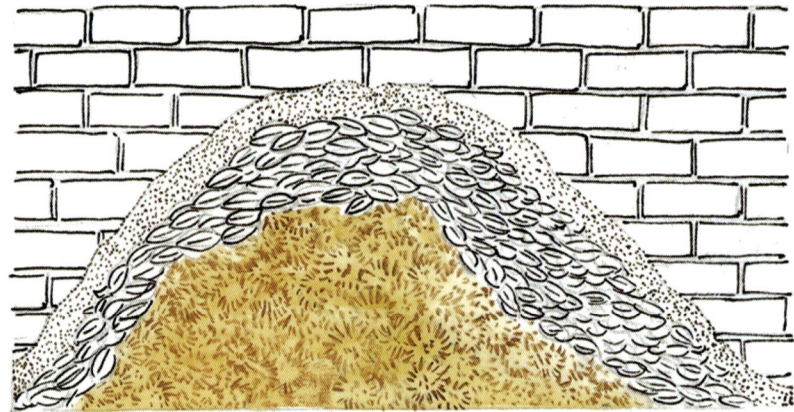

Arbeiten im Obstgarten

In diesem Monat ist im Obstgarten wenig zu tun. Man setzt im Großen und Ganzen fort, was im September begonnen wurde: den Boden für neue Pflanzungen vorbereiten, Pinzieren bei Kiwis und die im Vormonat begonnene Lese von weißen Trauben. Auch rote Trauben werden nun gelesen.

Zur Monatsmitte erntet man auch Birnen, Äpfel und Kirschen, die im Herbst reifen. Von Mitte Oktober bis Mitte November erntet man Kastanien und Nüsse.

Pflanzenschutz

Mit den sinkenden Temperaturen lassen auch Pilz- und Insektenbefall nach, unter anderem auch deshalb, weil die Pflanzen selbst ihren Lebensrhythmus verlangsamen. Möglich ist aber immer noch der Befall mit Blattläusen, gegen den man, wie bereits beschrieben, vorbeugend vorgehen muss.

Dafür können nun verstärkt Schnecken ziemliche Verwüstungen unter den Pflanzen anrichten. Zur Bekämpfung werden sie händisch eingesammelt oder man errichtet Barrieren aus Asche an den Beetgrenzen. Wenn sie nämlich darüber kriechen, wird die Asche von ihrem Schleim aufgenommen und weil es ihnen dann an Geschmeidigkeit mangelt, bleiben sie stecken. Außerdem gibt es im Fachhandel zahlreiche Schneckengifte, die auch im Vorfeld der Pflanzung angewendet werden können.

In diesem Jahresabschnitt fallen im Obst- und Gemüsegarten viele Abfälle an (Blätter, Pflanzenreste, Wurzeln usw.), die sich zum Kompostieren eignen. Dabei verringert man auch die Ausbreitung von Pilzkrankheiten und nimmt Schädlingen die Möglichkeit zu überwintern.

Erdbeeren, die im August ausgesetzt wurden, können wegen der Feuchtigkeit leicht an der Eckigen Blattfleckenkrankheit und an Mehltau erkranken. Die Eckige Blattfleckenkrankheit wird von Bakterien ausgelöst und befällt außer Erdbeeren auch Gurken. Sie äußert sich in roten Kerben auf den äußeren und der braunen Färbung der inneren Blätter. Betroffene Stellen trocknen aus, werden schwach und fallen ab. Manchmal, z. B. bei Gurken, kann das Bakterium auch die Früchte befallen. Dann zeigen sich runde, dunkle Flecken, die von einer zähen Flüssigkeit stammen. Vorbeugend baut man nur gesunde Pflanzen auf noch nicht von der Krankheit befallener Erde an. Behandelt wird mit Kupferoxychlorid und Schwefel.

Im Oktober bringt man die Ernte von Birnen, Äpfeln und Quittenäpfeln zu Ende. In besonders regenreichen Regionen kann Polsterschimmel auftreten. Polsterschimmel ist eine Krankheit, die Kernobst, Pfirsiche, Kirschen und Mandeln betreffen kann. Sie befällt Blüten und Blätter, aber vor allem Früchte, egal ob sie sich noch auf den Bäumen befinden oder bereits eingelagert wurden. Solange Polster-

schimmel nur an den Blättern auftritt (wo er grauen Schimmel ausbildet), ist er weniger schädlich. Erkrankte Blüten fallen ab, wohingegen befallene Früchte unweigerlich verderben, weil sie in allen Stadien betroffen werden können, vorzugsweise wenn sie sich noch im Wachstum befinden oder schon eingekellert wurden. Die Krankheit beginnt mit kleinen dunklen Flecken auf der Fruchtschale, die schnell

Der charakteristische Anblick einer von Polster- schimmel befallenen Aprikose.

größer werden. Dann greift sie auch auf das Fruchtfleisch über, bis die Früchte faulen und zusammenschrumpfen. Um das zu verhindern, muss man mit Kupferoxychlorid oder Schwefel behandeln, wobei man in der Erntezeit zur Sicherheit eine Frist von zehn Tagen (während der man die Behandlung unterbricht) berücksichtigt.

November

☾🌑 Abnehmender Mond

	Blumengarten	Gemüsegarten	Obstgarten
Aussaat		**auf geschützten Anbauflächen:** Schnittsalat, Feldsalat, Rucola	
Verpflanzen		Zwiebeln werden im Freien gepflanzt	
Schnitt	Glyzinien, Rosen, Hecken, winterkahle Büsche und Sträucher	Boden für die Frühlingspflanzungen vorbereiten; Beete von Pflanzenresten säubern, umgraben, Spargel untergraben; Bleiche bei Artischocken und Porree; krause Endivie wird gebunden	
Arbeiten	Boden für neue Pflanzungen vorbereiten; Hacken und Düngen (mit reifem Kompost); Gartenpflanzen vor Frost schützen; Dahlien ausgraben und einlagern		Blätter einsammeln und zu Komposterde verarbeiten; unter Bäume und Sträucher kommt eine Strohschicht; Stämme und Äste säubern und pflegen
Ernte		**Vor dem Frost:** Karotten, Wurzelgemüse und alle Gemüsearten zum Haltbarmachen	Früchte zum Einlagern

☽☺ Zunehmender Mond

	Blumengarten	Gemüsegarten	Obstgarten
Aussaat		**im Freien:** Frühlings-sorten von Erbsen; **auf geschützten An-bauflächen:** Radies-chen	
Pflanzen und Umpflanzen	Frühreifende und Frühling/Sommer-Sorten von Zwiebel-gewächsen setzen; zweijährige Pflanzen umsetzen; neue Ro-senstöcke, Bäume und Sträucher setzen; Li-lien-Rhizome teilen; Tulpenzwiebeln setzen		Neue Birn-, Apfel- und Kirschbäume sowie Steinobst pflanzen, Himbeeren, Johannisbeeren, Stachelbeeren, Brombeeren setzen

Ernte

Im Obstgarten: Kiwi, Quittenäpfel, Kastanien; **im Gemüsegarten:** Mangold, Artischocken, Karotten, Rosenkohl, Blumenkohl, Brokkoli, Kopfkohl, Wirsing, Chicorée, Fenchel, krau-se Endivie, Schnittsalat, Auberginen, Paprika, Porree, Petersilie, Schnitt-Radicchio, Ru-cola, Sellerie, Spinat, Feldsalat

Nun befinden wir uns schon mitten im Herbst und die sinkenden Temperaturen, die immer kürzer werdenden Tage und die zunehmende Nässe schränken das Wachstum der Pflanzen und des Rasens ein. Dennoch gibt es im Blumen- und Gemüsegarten einige Arbeiten zu erledigen.

Arbeiten im Blumengarten

Vor dem ersten Winterfrost müssen die Pflanzen im Garten geschützt werden. In einigen Fällen (z. B. bei Palmen, Pampasgras und auch Thujen) genügt es, ihre

Blätter mit Bindfaden oder Schnur zu bündeln und zusammenzubinden. Dies darf man nicht zu fest machen, weil die unvermeidlichen Bewegungen der Pflanzen im Wind sonst Schäden verursachen könnten. Wo Schnee fällt, kann man auch Hagelschutznetze verwenden, die konisch über die Pflanze gestülpt werden und so verhindern, dass Äste unter der Schneelast brechen. Weniger empfindliche Topfpflanzen stellt man mit Plastikfolie bedeckt an einer südseitigen Wand windgeschützt auf, wo sie möglichst viel Licht und milde Wärme bekommen.

Im November sollte man auch schon alle Pflanzen, welche die relativ niedrigen durchschnittlichen winterlichen Tempe-

raturen nicht vertragen (wie Orangen-, Zitronen- und Mandarinenbäume, Fuchsien, Pelargonien und Gerbera) an lichten, geschützten Orten unterbringen.

Vor Eintreffen des Frostes kann man auch noch frühreifende bzw. im Frühling blühende Zwiebelgewächse aussetzen (Hyazinthen, Narzissen, Tulpen und Krokusse).

Ebenfalls dürfen Bäume und Sträucher im Freien gepflanzt werden. Neue Rosenstöcke und -sträucher, winterkahle Kletterpflanzen, aber auch Birken, Linden, Weiden u. a. werden ebenfalls gepflanzt. Mehrjährige Pflanzen und Lilien-Rhizome gräbt man vorsichtig aus und teilt sie.

Mit Vorsicht kann man auch schon winterkahle Sträucher und Bäume beschneiden. Ebenso manche Rankpflanzen wie Glyzinien, aber auch Tannen, Zypressen, Pinien, Rosen und Hecken, die dann im Frühling auch im unteren Bereich wieder zu wachsen beginnen.

Wenn der Boden trocken ist, kann man auch mit dem Umgraben beginnen, wobei man reifen Kompost in die Erde einarbeitet, damit im nächsten Frühjahr alles im Garten wieder üppig wächst.

Arbeiten im Gemüsegarten

Im November beginnt eine ruhigere Zeit für den Gärtner. Die Pflanzen brauchen weniger Pflege und man widmet sich mehr der Bodenbearbeitung und der Instandhaltung der Geräte.

Feldsalat (Valerianella olitaria)

Auf geschützten Anbauflächen sät man Schnittsalat, Radieschen, Rucola und Feldsalat. In Gegenden mit ausgesprochen mildem Klima kann man auch schon Erbsen im Freien säen. Ansonsten wartet man damit bis zum Winterende. Die Aussaat aller anderen Gemüsearten, die weder die Feuchtigkeit noch die Strenge des Winters vertragen, wird aufgeschoben.

Man sollte auch regelmäßig nach dem eingelagerten Gemüse (Kartoffeln, Zwiebeln, Kürbisse) sehen und verdorbene Früchte entfernen. Krause Endivie lässt sich auch lange aufbewahren, sogar bis Februar und März. Dazu werden die Köpfe mit den Erdballen

Rucola

einer neben dem anderen in eine Kiste gelegt. Die sollte an einem kühlen und vor Nässe geschützten Ort stehen. Auf diese Art und Weise kann man die Novemberernte im Keller oder im Freien lagern. Um das Gemüse vor Frost zu schützen, wird es mit trockenem Laub, Stroh oder Farnkraut zugedeckt. Eine andere Möglichkeit ist das Bleichen der Endivie, was die Blätter zarter und knackiger macht. Es gibt zahlreiche Mittel, auf die man zurückgreifen kann, um direktes Sonnenlicht fernzuhalten und das ,,Herz'' der Strünke zu bleichen: Entweder man bindet die Blätter fest zusammen, bedeckt das Gemüse mit einer schwarzen Plastikfolie oder noch einfacher, man verwendet Sorten, die eine deutliche Neigung zur Bleiche haben. Die ersten beiden Methoden führt man in den sonnigen Stunden eines luftigen, klaren Tages durch, wenn die Blätter gut getrocknet sind, um eventuelle Fäulnis zu vermeiden.

Wenn die Beete geräumt sind, säubert man sie von Pflanzenresten und Unkraut. Wenn es das Wetter zulässt, müssen die Beete umgegraben werden. Dies dient der Aussaat und den Pflanzungen, die im nächsten Jahr vorgenommen werden. Dabei arbeitet man eine ausreichende Menge Kompost in den Boden ein. Beim

Umgraben im Winter lässt man die Schollen ganz; Regen, Eis und Tauwetter lassen die Erde reifen und zerbröckeln.

Vor dem ersten Frost werden Karotten geerntet und in Kisten mit Torf oder Sand gelagert. Radicchio wird weiterhin ausgegraben und geerntet. Außerdem bleicht man ihn, wie im Oktober beschrieben. Damit Gemüse länger und besser haltbar bleibt, erntet man es bei abnehmendem Mond.

Zum sofortigen Gebrauch kann man in manchen Gegenden noch Mangold, Artischocken, Karotten, Blumenkohl, Rosenkohl, Wirsing, Chicorée, krause Endivie, Schnittsalat, Porree, Schnitt-Radicchio, Spinat und Feldsalat ernten.

Arbeiten im Obstgarten

Bevor es wirklich frostig wird, sollte man nun besser neue Birn-, Apfel- und Kirschbäume, Steinobst, Himbeeren, Johannisbeeren, Stachelbeeren und Heidelbeeren (natürlich nur winterfeste Sorten) pflanzen. Vorher wird, wie bereits erwähnt, umgegraben. Die jungen Pflanzen befestigt man an einer Stütze und bevor sie in die Erde kommen, entflicht man die Wurzeln. Nachdem die Pflanzen eingegraben sind, festigt man das Erdreich mit den Füßen, damit es die Wurzeln gut bedeckt.

Ältere Stützen werden regelmäßig überprüft und wenn nötig neu verankert, auch die Bänder, mit denen die Pflanzen fixiert wurden, könnten erneuert werden. Manche Knoten sind eventuell zu fest geworden, weil die Pflanzen gewachsen sind und die Schnur sie nun einschneidet.

Auch die Obstgewächse müssen geschützt werden, damit sie den Winter unbeschadet überstehen. Zuerst wird der Boden von Laub und Unkraut befreit, das kompostiert wird. Reifer Kompost wird gleichmäßig verteilt, damit der Garten im Frühling üppig wächst. Die Stämme von empfindlichen Pflanzen, vor allem von jungen, werden in Stroh gehüllt.

Pflanzenpflege

Die Parasiten, die in den Sommermonaten so viel Schaden anrichten können, sind im November und für den ganzen Winter plötzlich verschwunden. Daher muss man auch keine Maßnahmen zur Bekämpfung von Schädlingen ergreifen. Zur Vorsicht sollte man aber Folientunnel und Glashäuser kontrollieren. Wenn diese nicht regelmäßig belüftet werden, kann sich Staunässe bilden, die zu Schimmelbefall bei Gemüse führt. Falls man erkrankte Pflanzen findet, werden sie entfernt, wobei darauf zu achten ist, dass keine Pflanzenreste zurückbleiben, die Krankheiten verbreiten können. Wenn Bewässerung notwendig ist, darf man die Pflanzen nicht übergießen und sollte anschließend die Tunnel lüften.

Feuchte Folientunnel werden leicht zu idealen Aufenthaltsorten für Schnecken. Um sie fernzuhalten, genügt es, Barrieren aus Kalkstaub oder Asche zu errichten.

Allerdings gibt es im Winter einen Schädling, dessen Nester man sofort zerstören muss, wenn man sie entdeckt: Es handelt sich um den Prozessionsspinner. Unschwer erkennt man die weißlichen Kokons zwischen den Zweigen, die von den Larven gesponnen werden. Die Kokons erreichen Größen von über 30 cm. Seinen eigenartigen Namen hat dieser Schmetterling daher, dass die großen behaarten Raupen in einer Reihe – eine nach der anderen – wandern, als befänden sie sich in einer „Prozession". Mitte April und später fressen sie die Pflanzen, an denen sie ihre Nester haben, radikal ab, egal ob es sich um Laub- oder Nadelgehölze handelt. Um dem entgegenzuwirken, sägt man

Die behaarten Raupen des Prozessionsspinners enthalten ein Gift, das auch für Menschen schädlich ist.

im November jene Äste ab, an denen die Kokons haften, und verbrennt sie. Dies ist das einzige wirksame Mittel gegen diesen Schädling. Dabei ist aber Vorsicht geboten, denn gewöhnlich sind die Nester ziemlich weit oben im Baum zu finden.

Dezember

Abnehmender Mond

	Blumengarten	Gemüsegarten	Obstgarten
Aussaat		**im Glashaus oder Folientunnel:** Schnittsalat und Schnitt-Radicchio	
Veredeln			Wenn die Natur zur Ruhe gekommen ist, werden Pfropfreiser geschnitten

Zunehmender Mond

	Blumengarten	Gemüsegarten	Obstgarten
Aussaat	Winterruhe		
Arbeiten	Instandhaltung der Geräte		Abschütteln oder Abstützen von schwachen Ästen bei Schneefall

Ernte

Im Folientunnel oder Glashaus: Rosenkohl, Blumenkohl, Brokkoli, Kopfkohl, Wirsing, Spinat, Schnittsalat, Schnitt-Radicchio, Radieschen, Feldsalat

Die Wetterbedingungen schränken die Aktivitäten und die Gartenarbeiten auf ein paar wenige ein.

Arbeiten im Blumengarten

Damit der Rasenteppich sich erholt, sollte man mechanische Eingriffe wie das Mähen bei Reif oder Eis vermeiden, damit die Gräser nicht zertrampelt werden.

Oft wird behauptet, dass Schnee eine Gefahr für den Garten darstellt. In Wirklichkeit schützt die Schneedecke die Wurzeln und verhindert, dass der Frost bis in die unteren Bodenschichten vordringt. Allerdings können Äste unter der Schneelast brechen, weshalb man die Bäume bei heftigem Schneefall schütteln soll.

Um wirksamen Schutz vor Frost zu erreichen, streut man eine Schicht Laub oder reifen Kompost unter die Bäume. Bei Topfpflanzen wird die Erde mit Stroh, Laub oder mit Zeitungspapier bedeckt. Die Pflanzen hüllt man in Zellophan ein und lässt eine Öffnung frei, damit die Luft zirkulieren kann und sich kein Kondenswasser bildet.

Auch Zimmerpflanzen fallen in dieser Jahreszeit sozusagen in „Lethargie". Daher muss man einige Regeln befolgen, damit die Pflanzen nicht vor der Zeit zu wachsen und zu blühen beginnen: Die Töpfe werden nahe an Fenster gestellt, aber so, dass die Pflanzen nicht direkt im Licht stehen. Gegossen wird nur mäßig. Außerdem dürfen sie nicht in der Nähe von Heizkörpern und anderen Wärmequellen aufgestellt werden; die Raumtemperatur sollte möglichst nicht mehr als 12 °C betragen. Auf Heizkörper kommen Verdunster, um die Luft zu befeuchten. Pflanzen, die Feuchtigkeit lieben, werden wöchentlich mit Wasser besprüht.

Wenn kein Frost herrscht und die Temperatur für einige Tage über Null bleibt, ist eine der wenigen Arbeiten, die man nun

erledigen kann, das Pflanzen von Rosenstöcken und -sträuchern, Bäumen, Sträuchern und Kletterpflanzen.

Die Rottanne (eigentlich Rot-Fichte, *Picea excelsia*) ist der Weihnachtsbaum, der sich zum Schmücken nach eigener Fantasie anbietet. Hat man keine Rottanne im Garten, sollte man seine Aufmerksamkeit auf Bäume im Topf richten. Sie mögen weder gedüngten Boden noch Trockenheit und Wärme. Daher sollte man sie in einem – mit reichlich Blähton und Wasser gefüllten – Übertopf auf den Balkon stellen, damit die Feuchtigkeit aufsteigen kann. Man muss jedenfalls alle drei bis vier Tage gießen. Hat man keine Möglichkeit, die Rottanne im März ins Freie zu verpflanzen, sollte der Topf besser in nördlicher Richtung aufgestellt werden.

Arbeiten im Gemüsegarten

Außer, dass der Boden für die Frühlingspflanzungen vorbereitet und wenn möglich die Ernte beendet wird, muss man im Gemüsegarten jetzt nicht viel tun.

Um die Treiberei von Chicorée und rotem Radicchio zu beenden, wartet man besser den abnehmenden Mond ab.

Die Treiberei von Chicorée

Die Treiberei der Chicorée ist eine Technik, die man anwendet, um knackige weiße Blätter zu erhalten. Die Treiberei zu Hause ist denkbar einfach: Man zieht die Rüben samt den Wurzeln aus der Erde und lässt sie für vier bis fünf Tage an der frischen Luft trocknen. Dann schneidet man die grünen Blätter ab und kürzt die Wurzeln. Die Rüben kommen in eine mit Flusssand gefüllte Kiste und werden bis zum Rand mit Sand bedeckt. Die Kiste wird an einem dunklen Ort bei einer Temperatur zwischen 5 und 10 °C aufgestellt. Nun beginnen die Rüben wieder zu „funktionieren" und treiben Blätter aus, die auf Grund der Treiberei nun weiß sind. Um den Vorgang zu beschleunigen, wird die Temperatur nach und nach erhöht, bis 18 °C erreicht sind. Der Aufstellungsort wird wöchentlich gelüftet.

abnehmender
Mond

Arbeiten im Obstgarten

Die Arbeiten im Obstgarten beschränken sich in diesem Monat auf das eventuelle Abstützen von schwachen Ästen, die unter der Schneelast abzubrechen drohen. Junge Pflanzen erhalten mehr Stabilität und Widerstandskraft gegen den Wind, wenn man sie an Stützen festmacht. Beim Einschlagen der Baumstützen ist darauf zu achten, dass keine Wurzeln beschädigt werden.

In diesem und auch noch im nächsten Monat kann man beginnen, die im Obst- und Weingarten gebrauchte Leiter zu reparieren. Ist sie nicht mehr zu gebrauchen oder besitzt man keine, kann man sich leicht selbst eine bauen. Es gibt zwei Arten von Leitern: mit drei und mit zwei Holmen. In beiden Fällen verwendet man kräftige Stangen aus Holz, die exakt die gleiche Länge haben. Um eine Leiter mit drei Holmen zu bauen, verwendet man drei Stangen, die am oberen Ende durchbohrt und mit einem Stück Eisen verbunden werden. Dann streckt man die mittlere Stange

Instandhaltung der Geräte

Wenn das Wetter keine anderen Arbeiten zulässt, nutzt man die Zeit, um alle Geräte, die man im Garten braucht, in Ordnung zu bringen. Spaten, Schaufeln, Hacken, Gabeln und Rechen müssen sorgfältig von anhaftender Erde gesäubert werden, damit sie keinen Rost ansetzen. Dazu nimmt man eine Drahtbürste oder eine Spachtel. Man kann die Gelegenheit nutzen, um beschädigte Spaten, Schaufeln und Hacken auszubessern. Das macht man mit einer Eisenfeile. Danach werden die Werkzeuge mit einem Lappen abgewischt und die Metallteile mit Dieselöl eingepinselt oder in eine Wanne getaucht, die eine Mischung aus Sand und altem Maschinenöl enthält. Das gleiche Verfahren kommt auch bei Schneidewerkzeugen zur Anwendung, wobei man hier auch die Schneiden schärfen und die Federn ölen muss. Griffe und Stiele werden überprüft: Sind sie stark abgenutzt, muss man sie ersetzen. Sind sie nur ein wenig abgesplittert, genügt es, sie mit Schleifpapier zu glätten. Wenn alle Geräte gesäubert sind, stellt man sie nicht einfach in eine Ecke. Die größeren kommen in eine quadratische Kiste, die kleineren an eine Gerätehalterung an der Wand. Auch hölzerne Baum- und Pflanzenstützen brauchen Pflege. Sie werden, wenn notwendig, neu zugespitzt und zur Desinfektion mit Kupfersulfat behandelt, bevor man sie zusammenbindet und aufbewahrt.

aus und stellt die seitlichen so, dass die Leiterform erkennbar ist. Nun setzt man die Sprossen in die dafür bereits in gleichen Abständen vorbereiteten Löcher ein. Die Sprossen werden nach oben zu immer kürzer, sodass die seitlichen Holme der Leiter ein Dreieck bilden. Sollte die Leiter nicht stabil genug sein, befestigt man zwei Querleisten zwischen die seitlichen Leiterteile und die Stützstrebe. Eine solche Leiter hat zwei Vorteile: Man kann sie auch dort aufstellen, wo man sie nicht anlehnen kann und sie braucht wenig Platz bei der Aufbewahrung. Leitern mit zwei Holmen verwenden wir meistens im Haushalt.

Pflanzenpflege

In den Wintermonaten Dezember und Januar haben alle Pflanzen ihr Wachstum eingestellt oder wenigstens vermindert. Daher sind auch keine besonderen Pflanzenschutzmaßnahmen notwendig. Allerdings überwintern einige Parasiten, die Pilzkrankheiten verursachen, im Holz von Obstbäumen. Es ist daher wichtig, Obstbäume auf Basis von Kupferoxychlorid zu behandeln, wenn sie bereits alle Blätter verloren haben. Die neutrale Wirkung von Kupferoxychlorid hat einen ähnlich pilztötenden Effekt wie Kupferkalkbrühe, von dem es sich aber durch seine schnellere und weniger pflanzenschädigende Wirksamkeit unterscheidet.

Um dem unerwünschten Pilzbefall vorzubeugen, lüftet man Folientunnel während der hellsten Tagesstunden, damit die Bildung von Kondenswasser und schädlicher Staunässe reduziert wird.

Wenn es schneit, können das Gerüst und die Folie von Tunneln durch die Schneelast eingedrückt werden. Wenn Glashäuser kein Dach in Spitzbogenform haben, sodass der Schnee von selbst an den Wänden hinunter rutscht, muss man ihn vorsichtshalber so schnell wie möglich entfernen.

Erstveröffentlichung 1997 unter dem Titel: „Nuovo Calendario Lunare delle semine e dei lavori" Copyright © 1997 by Giunti Editore S. p. A., Firenze-Milano www.giunti.it

Genehmigte Lizenzausgabe Neuer Kaiser Verlag GmbH Fränkisch-Crumbach 2012 www.neuer-kaiser-verlag.de

ISBN (13) 978-3-8468-0010-2
ISBN (10) 3-8468-0010-4

Übersetzung: Hannes Wendtlandt Fachlich redigiert: Ing. Matthias Tschinkel Illustrationen: Giulia Pianigiani, Mario Stoppele Layout, Satz und Umschlaggestaltung: design cat GmbH

Der Inhalt dieses Buches wurde von Autor und Verlag sorgfältig erwogen und geprüft. Es kann keine Haftung für Personen-, Sach- und/oder Vermögensschäden übernommen werden.

Bildnachweis:
Alle Fotos stammen vom Archivio Demetra, mit Ausnahme der Fotos auf folgenden Seiten: Shutterstock: a9photo 21/Alexey Stiop Cover Back, 48/ Alex Hubenov 2 – 3/ARTSILENSEcom 6/Christopher Elwell Cover Front/ Colette3 92/Edward Westmacott 9/ eskymaks 121/ermess 97/Fotokostic 73/Goran Mihajlovski 106/graja 61/grynold 94/Iuliia Azarova 85/ Ivonne Wierink 47/Julietphotography 113/Kudryashka 45/ Larisa Lofitskaya Cover Front/Lepas 122/LianeM 20, 26/LiliGraphie 22/llaszlo 95/LoopAll 107/ Madlen 36, 84/Marina Grau 25/ MarkMirror Cover Back, 77/Marta Teron 34/martiin II fluidworkshop Cover Front/mikute 106/olenaa Cover Back, 72/ Olena Mykhaylova 60/Patty Orly 108/Petar Ivanov Ishmiriev 62/Peter Zijlstra 59/pippa west 114/Richard Peterson 116/Ron Rowan Photography 76/Subbotina Anna Cover Back, 9/ultimathule 22/Valentina Photos 4/v.s.anandhakrishna 104/Yuriy Kulyk 6